MW01233908

Timo Schiemann

DAS LEBEN IST EIN PONYHOF

Ein Leitfaden zur Steigerung Deiner Lebensfreude

Timo Schiemann

DAS LEBEN IST EIN PONYHOF

Ein Leitfaden zur Steigerung Deiner Lebensfreude

Bibliografische Information der Deutschen Nationalbibliothek:
Die Deutsche Nationalbibliothek verzeichnet diese Publikation in der Deutschen
Nationalbibliografie; detaillierte bibliografische Daten sind im Internet über
http://dnb.dnb.de abrufbar.

© 2020 Timo Schiemann

Autor: Timo Schiemann
Umschlaggestaltung, Illustration: boccalu. Agentur für Konzept und Design
Lektorat, Korrektorat: Christina Waist
weitere Mitwirkende: Georg Beïs
Herstellung und Verlag: BoD – Books on Demand, Norderstedt

ISBN: 978-3-7526-4255-1

Inhalt

1. Vorwort - Nur ein Modell der Welt

Liebe Leserin, lieber Leser, ich beginne mit einem tief empfundenen Dank. Danke, dass du dir die Zeit nimmst, meine Gedanken und tiefsten Überzeugungen nachzuvollziehen, dies stellt für mich eine große Ehre dar und erfüllt mich mit Stolz. Da du dieses Buch in den Händen hältst, sehe ich dich als Gleichgesinnten an, dem ich in aller Freundlichkeit das Du anbiete. Meine Hoffnung ist, dass dies für dich keine zu große Herausforderung darstellt, wobei Herausforderungen nicht unbedingt etwas Schlechtes sind, denn sie eröffnen uns Menschen Wachstumsmöglichkeiten, aber hierzu an anderer Stelle mehr.

Zunächst einmal das Wichtigste vorab. In diesem Buch erläutere ich dir mein Modell der Welt. Kurz zur Erläuterung, was ich damit meine.

Jeder Mensch erlebt die Realität etwas anders. Je nachdem, welche Erfahrungen wir gemacht haben, welche Prägungen wir haben, was wir über uns und über die Welt glauben, auf welche Dinge wir unseren Fokus richten, welche Erziehung wir genossen haben, oder auch nicht genossen haben, nehmen wir die Welt auf unterschiedliche Weise wahr. Das bedeutet, die eine Realität, die jeder gleich erlebt, gibt es im Grunde nicht. Eventuell ist das ein ziemlicher Schock gleich am Anfang, aber ich bin mir sicher, dass du das in der Interaktion mit anderen Menschen auch schon erlebt hast. Vielleicht dachtest du dir: „Spinnt der jetzt? Die Situation war doch gar nicht so!"

Jeder Mensch hat also seine eigene Realität und seine eigenen persönlichen Filter, durch die er die Welt wahrnimmt, bzw. genauer für wahr-nimmt. Und so hat jeder Mensch sein eigenes Modell der Welt und ich habe meins, ohne den Anspruch zu erheben, dass es die absolute Wahrheit und nichts als die Wahrheit ist.

Dieses Buch gibt es, weil ich mein Modell der Welt mit dir teilen möchte. Es ist ein Buch für all die Menschen, die gerne ein schöneres Leben hätten, die ihre Potenziale ausschöpfen, ihre Talente und Stärken optimal nutzen und verbessern möchten. Menschen, die vielleicht gerade an einem Punkt sind, an dem sie denken, dass das Leben ruhig noch etwas schöner sein darf. Menschen, die noch etwas mehr Lebensfreunde vertragen könnten. Menschen, die so sind wie ich, oder eben so ähnlich.

Bis zu meinem 22. Lebensjahr hatte ich immer Vorbilder, an denen ich mich orientiert habe. Der Hulk, Son-Goku, Superman und Yoda waren in jungen Jahren die Personen, auch wenn sie nicht real waren, zu denen ich aufgesehen habe. Ich wollte so stark, so weise, so mächtig sein, wie sie. Als ich dann älter wurde und meine Leidenschaften zu Sport und Musik größer wurden, kamen echte Menschen, wie Ronnie Coleman, Michael Jordan und James Morrison mit dazu. Ich wollte sein, wie diese Männer und habe ihnen nachgeeifert, mal mit größerem und mal mit weniger großem Erfolg, aber ich hatte einfach Spaß dabei. Und dann ist etwas passiert. Ich habe angefangen, zu sehr auf meine Mitmenschen zu hören. Menschen, die mir sagten, dass ein solches Leben für mich nicht möglich sei, weil ich nicht fähig genug sei, weil mir die Talente fehlen würden, weil das Leben kein Wunschkonzert und auch kein Ponyhof sei und so habe ich mir das Träumen abgewöhnt. Ich habe meine Vorbilder und ein Stück weit auch mich selbst verloren, gab meine Ziele auf und verfolgte meine Leidenschaften nicht mehr aus tiefstem Herzen und das rückblickend einfach aus der Angst vor Enttäuschung. Ich lebte so vor mich hin, im Unbewussten, war mal einigermaßen zufrieden und auch mal unzufrieden mit dem, wer ich war und was ich hatte und folgte dem Leitsatz: „Erwarte nicht zu viel, dann kannst du schon nicht enttäuscht werden.“

Und dann eines Tages kam das Erwachen. Na gut, eigentlich nicht. Ich könnte jetzt erzählen, dass mich eine Krise komplett runtergezogen hat und ich dann wach geworden bin, aber so war es nicht. In mir wuchs eher eine schleichende Langeweile, Unzufriedenheit und auch ein Gefühl von Sinnlosigkeit.
War das wirklich schon alles? Jeden Tag ein ähnlicher Ablauf, ein Leben in Routinen, auf festgefahrenen Bahnen, mal gut drauf, mal schlecht drauf. Nein, es musste einfach mehr im Leben geben. Inspiriert durch meinen Mentor Tony Robbins begann ich mir andere Fragen zu stellen und andere Entscheidungen zu treffen, beides sind wunderbare Startpunkte für Veränderungsprozesse. Zwei meiner Lieblingsfragen seit dieser Zeit sind Folgende:

• Wie kann ich es schaffen, noch glücklicher, fröhlicher und erfolgreicher zu sein?
• Wie kann ich meinen „Lebensfreudemuskel“ optimal trainieren?

Und so suchte ich mir neue Ziele und auch neue Vorbilder, neue Lebenslehrer, oder in moderner Sprache ausgedrückt, neue Mentoren. Viele dieser Mentoren wissen gar nicht, dass sie meine Mentoren sind, aber sie halfen und helfen mir immer noch, die beste Version meiner selbst zu werden, indem ich mich an ihnen orientiere.

Zudem traf ich eine Entscheidung. Ich habe mich dafür entschieden, für wahr zu halten, was mir guttut und was mir im Leben weiterhilft. Das Schöne an unserem Glauben ist ja, dass wir entscheiden können, was wir glauben und dann im Nachhinein Erfahrungen sammeln können, die unseren Glauben stützen. Wie das funktioniert, zeige ich dir in diesem Buch.

Zu oft musste ich hören, dass das Leben kein Ponyhof, kein Wunschkonzert und auch kein Zuckerschlecken sei. Ich habe zugehört und es auch ein Stück weit für die Wahrheit gehalten, als mir die Menschen sagten, das Leben sei hart und schwer, wie ein Felsbrocken, oder, und das war die heftigste Metapher, die ich jemals in Bezug auf das Leben gehört habe, dass das Leben wie eine Hühnerleiter kurz und beschissen sei.

Ich wollte das einfach nicht mehr glauben und habe mich dafür entschieden, diesen Menschen nicht mehr zuzuhören und aus meinem Leben doch einen Ponyhof zu machen und meinen Fokus auf die Dinge in meinem Leben und in der Welt zu richten, die bereits wunderbar und außergewöhnlich sind. Und versteh mich hier am Anfang bitte nicht gleich falsch. Auf einem Ponyhof gibt es auch Herausforderungen, es gibt immer mal wieder Pferdeäpfel, in die man rein tritt und ab und zu kann es schon auch ziemlich stinken und zudem regnet es manchmal. Auf einem Ponyhof kann man nur besser mit diesen Ereignissen umgehen und hat das Wissen und das Vertrauen, dass diese Dinge auch vorübergehen.

Ich möchte dir auf den folgenden Seiten meinen Ponyhof vorstellen, auf dem neun verschiedene Ponys leben. Das sind Lotte, Jack, Billy, Püppi, Paulinchen, Daniels, Johnny, Jimmy und Tüddel. Diese Ponys sind meine Lebenslehrer und ich durfte sehr viel von ihnen lernen. Du wirst sie und ihre Überzeugungen und Fähigkeiten in den einzelnen Kapiteln kennenlernen.

Dieses Buch ist in drei Teile aufgeteilt. Im ersten Teil schaffen wir gemeinsam die optimale Denkweise und Lebenseinstellung, in der Fachsprache auch „Mindset" genannt, für deine positive Veränderung. Ich möchte dir in diesem Teil aufzeigen, wie wichtig Entscheidungen sind, welche Rolle deine unterbewussten Muster und deine Glaubenssätze spielen, wie du die richtigen Fragen an dich und an die Welt stellst, warum es eine gute Idee ist, große Ziele im Leben zu haben, was mein Verständnis von Glück ist und wie wichtig es in diesem Zusammenhang ist, sich selbst und seine Mitmenschen anzunehmen und dankbar zu sein. Im letzten Kapitel des ersten Teils möchte ich dir dann verdeutlichen, wie du das Gesetz der Anziehung nutzen kannst, um ein sinnerfülltes und selbstbestimmtes Leben zu führen.

Im zweiten Teil zeige ich dir einige konkrete Techniken und Ideen zur Steigerung deiner Lebensqualität und Lebensfreude auf, die ich „Ponyhoffaktoren" genannt habe. Des Weiteren möchte ich dir hier eine Idee mit auf den Weg geben, wie du dir selbst gute Gefühle machen kannst.

Im dritten und letzten Teil geht es dann darum, wie du konkret ins Handeln kommst und was deine ersten Schritte auf dem Weg zu einem glücklichen, selbstbestimmten und sinnerfüllten Leben sein können.

Du kannst diese Seiten gerne als eine Art Buffet betrachten. Nimm einfach mit, was dir davon schmeckt und was nicht deinen Vorlieben, oder deinem Weltbild entspricht, kommt nicht auf deinen Teller. Doch bedenke auch, dass es oftmals keine schlechte Entscheidung ist, etwas Neues auszuprobieren.

Die Gedanken, die ich im Folgenden mit dir teilen möchte, sind ausnahmslos solche, die mir in den letzten Jahren geholfen haben, immer mehr Lebensfreude zu empfinden, was für mich das Wichtigste auf der Welt ist. Freude an dem Leben zu haben, das uns geschenkt wurde. An dieser Stelle sei nur erwähnt, dass ich niemals von etwas mit voller Überzeugung sprechen und auch schreiben würde, das ich nicht selbst ausprobiert und als nützlich und hilfreich empfunden habe. Das Wissen, das ich hier mit dir teile, entstammt meinen tiefsten Überzeugungen.

Sehe die folgenden Ausführungen gerne als eine Art Leitfaden, der dir helfen kann, einen positiveren Blick auf die Welt und auch auf dich selbst zu bekommen und dir dadurch mehr

Leichtigkeit und Qualität in dein Leben bringen kann. Ein Leitfaden, der dir hilft, deinen „Lebensfreudemuskel" zu trainieren.

Mir ist zu Beginn noch wichtig zu sagen, dass ich die Inhalte dieses Buches nicht erfunden, sondern vielmehr herausgefunden habe. Ich habe mich in den letzten Jahren sehr intensiv mit dem Thema Persönlichkeitsentwicklung auseinandergesetzt und für mich die besten Dinge raus gepickt, immer mit dem Gedanken im Hinterkopf, was für mich einfach und schnell umsetzbar ist und welche Tools besonders dafür geeignet sind, mich in der Steigerung meiner Lebensqualität zu unterstützen. Mein Ziel war und ist es nach wie vor, mich immer noch besser zu fühlen und mit diesem Ziel im Hinterkopf habe ich recherchiert. Ich habe nun versucht, das für mich Wichtigste und Gewinnbringendste auf den folgenden Seiten in meiner Sprache zusammenzufassen. Wie du vielleicht bereits merkst, ist mein sprachlicher Stil recht einfach gehalten. Du sollst dich im Optimalfall so fühlen, als würde ich direkt mit dir sprechen. So werde ich dich auch nicht mit langatmigen, wissenschaftlichen Hintergründen der Hirnforschung, oder Ähnlichem behelligen, welche es durchaus gibt und in anderer Literatur nachzulesen sind, wenn du das möchtest. Daher an dieser Stelle auch der Zusatz, dass dieses Buch nicht den Anspruch hat, vollständig zu sein. Aufgrund der Leserlichkeit habe ich häufig die männliche Form der Anrede genutzt und bitte dies zu entschuldigen, falls du dich daran stören solltest. Sei versichert, dass ich ein großer Frauenfreund bin.
Ich habe dieses Buch in der Hoffnung geschrieben, dass dir die Inhalte genauso helfen, wie sie mir geholfen haben und immer noch helfen.

Dass dich dieses Buch darin unterstützt:

- mehr Lebensfreude zu empfinden
- bewusster und selbstbestimmter zu leben
- deine Potenziale zu erkennen und sie auszuschöpfen
- dich besser zu fühlen
- eine positivere Perspektive auf dich und auf die Welt zu bekommen
- ein glückliches und sinnerfülltes Leben zu leben

Ich lade dich nun ein, in mein Modell der Welt einzutauchen. In der tiefsten Hoffnung und mit dem unerschütterlichen Vertrauen, dass du das Beste aus diesem Buch für dich herausholen wirst, denn nicht weniger hast du verdient. Und nun wünsche ich dir ganz viel Erfolg und vor allem Spaß beim Vorankommen.

TEIL 1

Das richtige Mindset für deine positive Veränderung

2. Die wichtigste Entscheidung deines Lebens

Das von mir sehr geschätzte Pony Lotte, du wirst es am Ende des Kapitels noch besser kennenlernen, erzählte mir einmal folgende Geschichte:

Es war einmal ein altes Pony, das von allen Menschen als sehr weise bezeichnet wurde. Dieses Pony saß jeden einzelnen Tag vor den Toren einer großen Stadt. Und alle Menschen, die in die Stadt gingen, kamen an ihm vorbei und fragten häufig nach Rat. In der Nähe dieses weisen Ponys saß oft ein kleines Mädchen, das begierig alles aufschnappte, was es zu sagen hatte.

Eines Tages kam ein Fremder vor die Tore der Stadt, blieb stehen und fragte das Pony:

„Du kannst mir sicher sagen, wie die Menschen hier in dieser Stadt sind?".

Das alte Pony sah ihn freundlich an und entgegnete:

„Wie waren denn die Menschen dort, wo du zuletzt warst?".

„Freundlich, hilfsbereit und großzügig. Sehr angenehme Menschen.",

antwortete der Fremde.

„Und genau so sind sie auch in dieser Stadt!".

Das freute den Fremden und mit einem Lächeln ging er durch das Stadttor.

Etwas später kam ein anderer Fremder zum alten Mann.

„Pony, sag mir, wie sind die Menschen in dieser Stadt?".

Das Pony fragte auch ihn: „Wie waren die Menschen dort, wo du zuletzt warst?".

„Furchtbar! Unfreundlich und arrogant und alles Egoisten.".

Und es antwortete: „Ich fürchte, so sind auch die Menschen in dieser Stadt!".

Nachdem sich der zweite Fremde entfernt hatte, kam das kleine Mädchen zu dem alten und weisen Pony und sagte: „Ich habe gehört, was du zu diesen beiden Männern gesagt hast. Sie haben die exakt gleiche Frage gestellt und du hast zwei komplett unterschiedliche Antworten gegeben, das kann nicht weise sein, du hast mindestens einmal gelogen."

Das Pony schmunzelte und antwortete: „Ich habe in beiden Fällen die Wahrheit gesagt, denn je nachdem, wie die beiden Fremden die Welt sehen und die Menschen in ihrem Leben kennengelernt haben, so werden sie auch unsere Stadt und die darin lebenden Menschen sehen. Meine Worte können daran nichts ändern. "

Warum werden die zwei Fremden die komplett gleiche Stadt, mit den komplett gleichen Menschen vollkommen unterschiedlich wahrnehmen?

Meiner Meinung nach unterscheiden sich die zwei Fremden in einer Sache maßgeblich. Sie haben eine gegensätzliche Entscheidung in Bezug auf ihr Leben getroffen. Eine Entscheidung, die ich in Anlehnung an Albert Einstein, als die wichtigste Entscheidung unseres Lebens bezeichne.

„Unsere wichtigste Entscheidung ist, ob wir das Universum für einen freundlichen oder feindlichen Ort halten. "

Albert Einstein

Ich behaupte zudem ganz frech, du hast diese Entscheidung auch schon getroffen und tust dies im Grunde jeden Tag, jede Stunde, jede Minute und jede Sekunde deines Lebens aufs Neue. Diese Entscheidung, die du treffen darfst, wird alles Weitere in deinem Leben beeinflussen. Wenn du dich dafür entscheidest, in einer freundlichen Welt zu leben, die dir jeden Tag zeigen wird, dass sie für dich und nicht gegen dich arbeitet, kann sich dein Leben von heute auf morgen zum Positiven verändern. Im Grunde ist es die einfachste Entscheidung überhaupt. Die einfachste und sogleich wichtigste Entscheidung deines Lebens, sei mal ehrlich, wie cool ist das denn?

Du kannst dich in jeder Sekunde deines Lebens bewusst dafür entscheiden, dass das Universum für dich arbeitet und alles genau so ist, wie es sein soll.

Du hast einige Rückschläge erlebt? Gut, hier hat das Universum für dich gearbeitet, denn ohne sie wärst du jetzt nicht der Mensch, der du bist. Wahrscheinlich würdest dann auch nicht diese Seiten lesen und hättest so vielleicht niemals von der wichtigsten Entscheidung deines Lebens erfahren und wie sie dein Leben nachhaltig beeinflussen wird.

Entscheide dich jeden Tag aufs Neue dafür, in einem freundlichen Universum zu leben und suche gezielt nach Ereignissen, die dir diese Tatsache bestätigen und ich garantiere dir, du wirst Unzählige finden.

Zusammenfassend kann man sagen, dass deine eigene Einstellung, oder auch deine Entscheidung in Bezug auf die Frage, ob du in einer freundlichen, oder feindlichen Welt lebst, deine Wahrnehmung prägt. Wenn du davon ausgehst, dass die Menschen in deiner Umgebung egoistisch, habgierig und stets nur zu ihrem eigenen Vorteil handeln und es eine höhere Macht vielleicht gerade mit dir besonders schlecht meint, wirst du deine Wahrnehmung darauf ausrichten und genau das wird zu deiner Realität werden. Du nimmst die Welt dann im Grunde durch einen skeptischen, misstrauischen und ängstlichen Filter wahr. Wenn du hingegen denkst, dass es die Menschen in deiner Umgebung gut mit dir meinen und alles zu deinem Vorteil geschieht. Du davon ausgehst, dass alle Herausforderungen nur deshalb in deinem Leben sind, weil du mit ihnen umgehen kannst und daran wachsen wirst, nimmst du die Welt durch einen ganz anderen Filter wahr. Du siehst die Welt dann durch eine Brille der Zuversicht, Freude und Dankbarkeit.

Vielleicht ist es dir ja schon mal aufgefallen, dass deine Mitmenschen viel freundlicher zu dir sind und die Welt viel bunter ist, wenn du gut drauf bist.

An dieser Stelle eine kleine Einschränkung. Gehen wir einmal davon aus, du hast dich dafür entschieden, in einer freundlichen Welt zu leben. Wird dann alles Friede, Freude und Sonnenschein sein?

Nein, wahrscheinlich nicht, es wird immer Menschen geben, die sich nicht deinen obersten Werten, oder deinen Erwartungen entsprechend verhalten und es wird immer wieder Ereignisse geben, die dir nicht gefallen werden. Das meinte ich damit, als ich in der Einleitung erwähnte, dass es auf einem Ponyhof auch Herausforderungen und an der ein oder anderen Stelle stinkende Pferdeäpfel gibt. Wenn du aber an das Gute in der Welt glaubst, machen dir diese Dinge nicht mehr so viel aus und du kannst mit steigender Gelassenheit auf die Wachstumsmöglichkeiten des Lebens reagieren.

Darum entscheide dich bewusst dafür, in einem freundlichen Universum zu leben und hab Vertrauen in dein Leben und in die Welt. Hab ein offenes Herz. Beginne jeden Tag mit der Einstellung und dem Wissen, dass die Welt es gut mit dir meint.

Übernimm Verantwortung für dein Leben

Welcher Mensch ist dafür verantwortlich, dass du ein schönes, erfülltes und selbstbestimmtes Leben führst?

Na klar, da kann es nur einen geben und dieser Mensch bist natürlich du selbst.

So schön, so gut. Eine weitere Frage, die du vielleicht ganz ehrlich beantworten möchtest, hätte ich dann aber doch noch.

Wie oft hast du der Außenwelt die Schuld an Begebenheiten in deinem Leben gegeben, die vielleicht nicht so sind, wie du sie dir im Optimalfall vorstellst?

Die Schuld deinen Eltern und deren Erziehungsmaßnahmen gegeben?

Dem Chef, der einfach ein Kotzbrocken ist und dir das Leben schwer macht?

Dem anderen Geschlecht, deinem Partner oder deiner Partnerin, weil sie oder er sich eben nicht so verhält, wie du das möchtest und deine Erwartungen nicht erfüllt?

Dem Wetter, den Medien, der Wirtschaft, den Politikern, usw.?

Ich selbst kann diese Fragen für mich mittlerweile ganz gut beantworten. Sehr häufig und ich erwische mich nach wie vor dabei, wie ich die Verantwortung für manche Umstände in meinem Leben abgeben möchte.

Doch der Moment, an dem ich verstanden habe, dass die volle Verantwortung für mein Glück, meine Gesundheit, meine körperliche Fitness, meine Beziehungen, meine Finanzen, meine Gefühle und auch meine Gedanken, denn die denkt auch niemand für mich, bei mir liegt, war der Moment, als ich die Welt und mein Leben zum ersten Mal besser verstanden habe.

Es ist einfach nicht richtig, äußeren Umständen und anderen Personen die Schuld und auch die Macht zu geben, wenn in unserem Leben etwas schiefläuft, oder nicht so läuft, wie wir es wollen. Ich habe die Schuld für meine Probleme häufig im Außen gesucht und mich dadurch in eine Opferrolle gedrängt. Mir ging es nicht gut, weil sich jemand nicht so verhalten hat, wie ich mir das vorgestellt habe, weil mir die Wertschätzung gefehlt hat, weil jemand mir zu Glaubenssätzen verholfen hat, die sich in meinem aktuellen Leben als hinderlich erweisen, und, und, und. Heute weiß ich, dass es einfach nicht richtig ist, die Schuld für meine Herausforderungen im Leben in äußeren Faktoren zu suchen. Unsere großen Herausforderungen und unsere Lebensthemen haben alle stets nur mit uns selbst zu tun.

Es gibt hierzu eine so wunderbare Geschichte, die das Ganze klarer macht:
Eine Frau, die eines Abends spazieren geht, trifft, während sie einige Minuten unterwegs ist, auf einen Mann, der auf dem Boden unter einer Straßenlaterne sitzt und völlig verzweifelt etwas zu suchen scheint. Die Frau fragt den Mann, wonach er denn suche. Dieser antwortete, dass er sein Handy verloren habe. Die Frau bat freundlicherweise ihre Hilfe an und setzt sich zu dem Mann auf den Boden, um ihm beim Suchen zu helfen. Nachdem sie eine Weile gemeinsam gesucht haben, sagte die Frau: „Wir haben hier überall gesucht und Ihr Handy nicht gefunden. Sind Sie sicher, dass Sie es hier verloren haben?".
Der Mann antwortete: „Nein, ich habe es bei mir im Garten verloren, aber hier unter der Straßenlaterne habe ich mehr Licht und kann besser suchen.".

Es ist eine super Idee damit aufzuhören, der Außenwelt die Schuld an ungewollten Lebensumständen zu geben. Es ist außerdem eine gute Idee, äußeren Faktoren die Macht über unser Leben zu entziehen und genau an dem Ort nach den Ursachen für die Dinge zu suchen, die uns missfallen und das ist bei uns selbst. Das mag sich jetzt vielleicht ein wenig hart anhören, aber es bringt nichts, unter einer Straßenlaterne nach etwas zu suchen, das im Garten ist.
Daher darf ein jeder von uns, der ein erfülltes und vor allem selbstbestimmtes Leben führen möchte, der mehr Lebensfreude empfinden möchte, der auf einem Ponyhof leben möchte, die Verantwortung für die eigene Person übernehmen. Die Umstände können wir häufig nicht ändern, ebenso wenig die Jahreszeiten oder den Regen. Aber wir können uns selbst verändern.

Dr. Robert Resnick, ein Psychotherapeut aus Los Angeles, hat eine einfache Formel aufgestellt, die für mich sehr gut veranschaulicht, was es bedeutet, die volle Verantwortung für sein Leben zu übernehmen. Die Formel lautet:

E+R=F (Ereignis + Reaktion = Folge)

Jede Erfahrung, die wir im Leben machen, sei es eine Schöne, oder auch eine Unschöne, wird nur durch unsere Reaktion, oder auch von der Bedeutung, die wir dem Ereignis geben, bestimmt. Wir sind selbst dafür verantwortlich, welche Bedeutung wir Ereignissen geben und welche Folgen sich daraus für unser Leben ergeben. Die Bedeutung, die wir diesen geben, hängt von unserer inneren Einstellung und unserer Wahrnehmung ab und ausnahmslos jeder Mensch kann seine subjektive Wahrnehmung und seine Einstellung verändern, sofern er will und weiß wie. Daher gibt es dieses Buch, das dir Schritt für Schritt zeigen kann, wie diese positive Wahrnehmungsveränderung funktioniert.

Was kann ich vom Leben überhaupt erwarten?

Um dieser Frage auf den Grund zu gehen, dürfen wir uns die wichtigste Entscheidung unseres Lebens wieder in Erinnerung rufen und uns auch daran erinnern, wer für unser Leben verantwortlich ist. Also nochmal: Du lebst in einer freundlichen Welt und du bist für dein Leben und damit auch für dein Glück verantwortlich.

Daher wird sich nun vielleicht auch nach und nach dein Blickwinkel auf Ereignisse und so auch deine Erwartung an Situationen verändern. Die Einstellung, die wir gegenüber dem Leben haben, wird unsere Erfahrungswelt prägen. Sobald wir davon ausgehen bzw. wissen, dass alle Ereignisse in unserem Leben stets zu unserem Wohl geschehen und nur wir dafür verantwortlich sind, welche Bedeutung wir Ereignissen beimessen, werden wir mehr und mehr Erfahrungen machen, die diese Tatsache bestätigen.

Sehr vereinfacht gesprochen, kann man sagen, dass wir Schlechtes in unsere Erfahrungswelt ziehen werden, wenn wir Schlechtes erwarten, da sich unsere Wahrnehmungsfilter darauf ausrichten. Wenn wir nichts erwarten, werden wir nichts bekommen und wenn wir unsere Einstellung und unsere Wahrnehmungsfilter auf Positivität umprogrammieren und mit einer positiven Erwartung an eine Sache herangehen, wird sich Positivität einstellen.

Mir ist bewusst, dass die landläufige Auffassung darin besteht, lieber nicht zu viel vom Leben zu erwarten, da man sonst nur enttäuscht werden wird. Ich vertrete dennoch die gegenteilige Meinung. Erwarte stets nur das Beste und suche gezielt danach und du wirst entsprechende Erfahrungen machen. Die Welt ist nur schwer, wenn wir es von ihr erwarten. Verstehe das Thema Erwartung bitte nicht, als „Es MUSS so laufen!“, „Alles MUSS so sein, wie ich es erwarte, ansonsten bin ich enttäuscht und mein Leben ist nichts wert.“. Das wäre der komplett falsche Weg. Es geht mir hier darum, dass wir wieder lernen, groß zu denken und zu träumen.

Ich weiß nicht, ob du mit deinem Leben im Moment zu einhundert Prozent zufrieden bist oder ob du an einem Punkt angelangt bist, wo du sagst, es darf ruhig noch etwas schöner sein. Ich für meinen Teil kann dir aus meiner Erfahrung sagen, es geht immer was und ich sehe Stillstand mittlerweile als einen Rückschritt. Die Weiterentwicklung der eigenen Persönlichkeit und die stetige Steigerung der Lebensqualität sollte bei jedem Menschen eine vorrangige Erwartung an das eigene Leben darstellen.

Eine Erwartung, die alle Menschen, meiner Meinung nach, haben dürfen, ist ein glückliches und sinnerfülltes Leben zu führen. Denn am Ende des Tages will das doch jeder von uns, wir alle möchten glücklich sein und möglichst jeden Tag, der uns geschenkt wird, genießen.

Daher wäre es an dieser Stelle in jedem Fall eine gute Idee, für sich klar zu haben, was die persönliche Erwartung an das eigene Leben ist.

Ich bin sehr zuversichtlich, dich im Laufe dieses Buches darin zu unterstützen, diese Erwartung zu erfüllen.

Veränderung ist leicht

„Wir wurden an einem Tag geboren. Wir sterben an einem Tag. Wir können uns an einem Tag ändern. Und uns an einem Tag verlieben. Alles kann an nur einem Tag passieren."

Gayle Forman

Die meisten Menschen haben irgendwann in ihrem Leben gehört, sei es von ihren Eltern, Lehrern, oder von anderen Menschen, dass tiefgreifende Veränderungen schwer zu erreichen seien, nicht von heute auf Morgen passieren und einfach ihre Zeit brauchen. Getreu dem Motto: „Gut Ding will Weile haben.". Das ist ein Glaubenssatz, den du für wahr halten kannst, oder eben nicht. Über die Kraft von Glaubenssätzen erfährst du im nächsten Kapitel mehr.

In diesem Fall ist das eine Überzeugung, die uns das Leben nicht gerade einfacher macht und die wir getrost ablegen dürfen. Denn Veränderung ist leicht und macht Spaß. Wenn ich von Veränderung spreche, meine ich selbstverständlich die Art von positiver Veränderung, die deine Lebensqualität steigern und dein Leben nachhaltig ins Positive ändern

19

kann. Der erste Schritt hierbei, und wie an vielen anderen Stellen in deinem Leben auch, ist die Bewusstmachung der Umstände, die nicht optimal sind und, die verändert werden dürfen. Sehr viele Menschen sind so in ihren routinemäßigen Verhaltensweisen gefangen, dass sie ihr Verhalten und dadurch auch ihre Ergebnisse gar nicht mehr bewusst reflektieren. Wenn wir jedoch bewusst darauf achten, was in einer Interaktion, sei es mit uns selbst oder mit anderen, funktioniert und was nicht, können wir daraus Schlüsse ziehen.

Es gibt eine wunderbare Definition zum Thema Wahnsinn, die Albert Einstein zu geschrieben wird:

> *„Die Definition von Wahnsinn ist, immer wieder das Gleiche zu tun und andere Ergebnisse zu erwarten. "*
>
> *Albert Einstein*

Viele Menschen auf der Welt machen Tag für Tag das Gleiche und sind unzufrieden mit ihrem Leben und hadern mit ihrem Schicksal. Ihr Leben lang verhalten sie sich in bestimmten Situationen immer gleich und wundern sich, warum sie keine anderen Ergebnisse erzielen. Dabei ist es so simpel. Wenn du mit deinen Ergebnissen nicht zufrieden bist, darfst du etwas Anderes tun. Du darfst dein Verhalten ändern. Wenn du alles so lassen möchtest, wie bisher, brauchst du dein Verhalten auch nicht zu ändern.

Und an dieser Stelle kommt auch unsere Erfahrung mit ins Spiel. Wir alle haben Situationen erlebt, die uns nicht gefallen. Die Frage ist nur, in wie weit ein jeder von uns selbst verantwortlich für diese Situationen war und da heißt es auch, ehrlich mit sich selbst zu sein. Ich kann es nicht oft genug sagen, der Tag, an dem ich die volle Verantwortung für mein Leben übernommen habe, war der Tag, als ich mich zum ersten Mal frei gefühlt habe. Wenn du andere Erfahrungen machen möchtest, darfst du dein Verhalten ändern und das im Hier, Heute und Jetzt, also in der Gegenwart.

Um andere Ergebnisse zu erzielen, darfst du dein Verhalten ändern.
Wenn etwas nicht funktioniert, tue etwas anders.

Und in diesem Zusammenhang ist folgender Gedanke für mich ganz wichtig:
Veränderung ist keine Frage der Fähigkeit, sondern lediglich eine Frage der Motivation.

Was ich damit meine? Häufig stoße ich auf Menschen, die sich gerne verändern würden, es aber einfach nicht schaffen, da sie sich nicht für fähig genug halten.

Meine Kollegin sagte einmal Folgendes zu mir: „Timo, ich bin mit meinem Körper unzufrieden und würde wirklich gerne ein paar Dinge an meiner Ernährung verändern. Ich würde so gerne bewusst darauf achten können, was ich esse und zumindest die vielen Süßigkeiten weglassen, aber ich schaffe es einfach nicht.".

Ich stellte ihr nur folgende Frage: „Wenn ich dir jetzt sofort eine Million Euro geben würde, damit du nie wieder Süßigkeiten isst, würdest du es schaffen?".

Und ihre Antwort darauf lautete: „Ja, auf jeden Fall.".

Dieses Beispiel machte mir eine Sache ganz deutlich. Veränderung ist keine Frage der Fähigkeiten, sondern lediglich der Motivation. Wenn du für dich die richtige Motivation gefunden hast, kannst du alles verändern. Es gibt stets zwei Motivatoren für Veränderung, man könnte sagen die zwei „LEIDEN". Das ist einmal der hohe LEIDENsdruck, also große Schmerzen, jemand ist mit seiner Situation so unzufrieden, dass er etwas verändern muss. Und zum anderen ist da die LEIDENschaft, also ein großes Ziel. Jemand verändert sich, weil er für eine Sache brennt.

Wenn wir eine Situation verändern möchten, dann ist das im Grunde immer ein Weg mit drei Schritten. Du kannst dir Veränderung wie eine kurze Treppe mit drei Stufen vorstellen. Der erste Schritt, die erste Treppenstufe ist immer die Bewusstheit. Ein Mensch wird sich an einer Stelle seines Lebens bewusst, dass es etwas zu verändern gibt. Im Optimalfall wird sich dieser Mensch dann auch der Umstände bewusst, die zur unguten Situation geführt haben und auch darüber, welche Faktoren ihn bisher daran gehindert haben, etwas zu verändern. Er wird sich der hinderlichen Glaubenssätze, Gewohnheiten, Überzeugungen, Eigenschaften bewusst, die ihn an den aktuellen Punkt geführt haben. Auf der zweiten Stufe entwickelt dieser Mensch dann den Willen, etwas zu verändern. Die aktuelle Situation darf nicht so bleiben, wie sie ist und es muss jetzt einfach etwas geschehen. Auf der dritten und letzten Stufe kommt es dann zur Umsetzung. Dies sind die drei Stufen der Veränderung und jede dieser Stufen darf bestiegen werden.

In meinem Fall sah ein Veränderungsprozess in jungen Jahren so aus:
Ich war 17 Jahre alt und das gefühlt hundertste Mädchen sagte eben zu mir, dass ich süß sei und alles, aber für sie eben nicht mehr als ein guter Kumpel. Nachdem ich daraufhin einen

Blick in den Spiegel warf, fand ich mich auch süß, aber eben nicht männlich und in diesem Moment wurde mir klar, dass da der „Fehler" lag. Bei meiner Körpergröße von 1,76 m und meinem damaligen Körpergewicht von 56 Kilogramm, war es mir absolut klar. Meine dünne Statur war die Ursache, dass es mit den Mädels nicht so wirklich klappte. Rückblickend weiß ich mittlerweile natürlich, dass mein Körper nicht die einzige Ursache war, aber ich verspürte damals eine gewisse Unzufriedenheit und man könnte auch sagen ein Stück weit große Schmerzen. In diesem Moment wusste ich, ich muss etwas verändern und die Anmeldung im Fitnessstudio ließ nicht lange auf sich warten. Ohne genau zu wissen, was ich tat, habe ich einfach mal losgelegt und geschaut, wie die Profis so trainieren. Nach und nach kamen die Erfolge und ich legte an Muskelmasse zu und fühlt mich einfach wohler in meiner Haut. Und so war ich dann knapp 10 Jahre später soweit, dass ich fast 40 Kilogramm zugenommen hatte. Die damalige Zeit war für mich in der Retrospektive so unfassbar wichtig, da in dieser Zeit in mir die Überzeugung gewachsen ist, dass mit dem richtigen Fokus alles möglich ist. Irgendwann ging es mir natürlich nicht mehr darum, die Mädels durch meinen Körper zu beeindrucken und männlicher zu wirken. Die hohe Motivation, mit der Veränderung zu starten, kam damals durch die großen Schmerzen, also durch einen hohen Leidensdruck, weil ich einfach unzufrieden mit meinem Körper war und meinen Mangel an gelingenden zwischenmenschlichen Kontakten zum anderen Geschlecht auch darauf schob. Das war in meinem Fall der Startpunkt für die Veränderung. Ab einem gewissen Punkt kamen sehr große Ziele dazu. In meinem Fall, als ich mich mit der professionellen Bodybuilding Szene auseinandersetzte und meine damaligen Vorbilder sah und meinen Körper dementsprechend formen wollte. Nach und nach stellte sich dann die Freude am Sport ein, die ich bis heute noch habe.

Meine Geschichte in Bezug auf das Krafttraining zeigt für mich sehr anschaulich die Stufen der Veränderung. Ich war an dem Punkt, dass ich einfach genug hatte. Eine Ursache für die Veränderungen war bei mir der hohe Leidensdruck und später auch die hohe Leidenschaft. Ich könnte jetzt erzählen, ich bin mir damals darüber bewusst geworden, woher meine Unzufriedenheit kam und welche hinderlichen Glaubenssätze, Gewohnheiten, Überzeugungen und Eigenschaften dazu geführt haben, dass ich so lange damit gelebt hatte, ohne etwas zu verändern. Aber nun ja, das wäre schlichtweg gelogen. So reflektiert war ich damals noch nicht. Ich war mir einfach dessen bewusst, dass ich etwas zu verändern hatte und daraus entwickelte ich den tiefen Willen, etwas anders zu machen. Das heißt in meinem Fall, den unerschütterlichen Willen, körperlich stärker und „männlicher" zu werden und dieser Wille war wirklich unerschütterlich, da mich niemand davon abbringen konnte. Dies ist für mich im Übrigen eine wichtige Voraussetzung für dauerhafte Veränderung. Wichtig ist noch zu erwähnen, dass die Motivation ganz allein von mir selbst kam. Niemand hat mir nahegelegt, oder mich gar zu meiner Veränderung gezwungen. Die Motivation, der unbedingte Wille zur Veränderung, ging von mir aus. Das war also die zweite Stufe, der Wille zur Veränderung. Bei mir ging es dann in die Umsetzung nach dem Trial-and-Error-Prinzip. Ich schaute, was die Profis machten, wie sie trainierten und welche Nahrung sie zu sich nahmen und machte es ihnen dann nach. Und ja, manches funktionierte für mich und manches eben nicht. Was nicht funktionierte, habe ich dann einfach ab einem gewissen Punkt nicht mehr getan und dafür etwas Anderes versucht und so bin ich für mich zur positiven Veränderung gekommen.

An meinem Beispiel siehst du vielleicht, wie Veränderung im physischen Bereich gelingen kann. Es ist aber absolut egal, in welchem Bereich wir Menschen uns verändern möchten, oder auch auf welcher Ebene die Veränderungsarbeit ansetzt. Es sind immer dieselben Stufen. Wenn du dein Verhalten, deine Gewohnheiten, deine Fähigkeiten, deine Glaubenssätze und Überzeugungen, deine Werte, oder auch deine Identität verändern möchtest, läuft ein gelingender Veränderungsprozess stets auf diesen drei Stufen ab. Es gibt natürlich Veränderungsebenen, in welchen die Veränderung etwas herausfordernder ist, dennoch können auch beispielsweise hinderliche Überzeugungen verändert werden. Eine Anleitung hierfür findest du auch in diesem Buch. Daher wäre es in jedem Falle eine gute Idee, sich klar darüber zu werden, was gerade noch nicht optimal im Leben ist und was verändert werden darf und dann darf man die drei Stufen der Veränderung besteigen, bis das eigene Leben besser und besser wird.

Lottes Ponytipps:

Lieber Leser,

mach Dir bewusst, was es bedeutet die volle Verantwortung für Dein Leben zu überneh-men. Schau Dir all Deine Lebensbereiche an (Gesundheit, Beziehungen, Beruf, Finanzen, persönliche Entwicklung, Spiel und Spaß) und mach Dir klar, dass Du für jeden dieser Be-reiche die volle Verantwortung trägst. Wenn Du mit einem dieser Bereiche unzufrieden sein solltest, dann ändere etwas. Erlaube es externen Quellen nicht länger, die Macht über Dein Leben und Deine Gefühle zu haben.

Mache Dir die Situationen in Deinem Alltag bewusst, in denen Du für Dich keine zufrie-denstellenden Ergebnisse erzielst. Plane Deine neuen Verhaltensweisen in diesen Situatio-nen zunächst einmal in Gedanken vor. Das gibt Dir Sicherheit für die reale Situation. Der nächste Schritt besteht darin, die neue Verhaltensweise in der Realität auszuprobieren und das getreu dem Motto: „Es gibt keine Fehler, nur Feedback." Sofern Deine neue Verhaltens-weise nicht den gewünschten Erfolg bringen sollte, tue etwas Anderes.

Erwarte von Deinem Leben nur das Beste. Gehe mit der Erwartung in die nächsten Tage, dass Du viele schöne Situationen erleben wirst. Du wirst viele Momente erleben, an denen Du glücklich bist. Erwarte, dass die Welt Dir viele Dingen zeigen wird, die schön sind und für Fülle stehen. Der Schlüssel heißt positive Erwartung in Gelassenheit.

Ach, und noch was ...

Wenn Du Dein Leben als Ponyhof wahrnehmen möchtest,

• *kannst Du Dich immer wieder an die wichtigste Entscheidung Deines Lebens erinnern und gezielt nach Menschen, Dingen und Ereignissen Ausschau halten, die Dir zeigen, dass es das Universum, die Welt gerade mit Dir besonders gut meint.*

• *übernimmst Du die volle Verantwortung für alle Lebensbereiche und das ohne Wenn und Aber.*

• *fängst Du wieder an zu träumen und hast eine positive Erwartung an Dein Leben.*

• *verstehst Du, dass Du etwas verändern darfst, wenn etwas nicht so ist, wie Du es Dir wünschst. Die Veränderung fängt immer bei Dir an. Sofern du andere Ergebnisse in deinem Leben erzielen möchtest, darfst Du Dich anders verhalten.*

• *weißt Du, dass es zwei Motivatoren für Veränderungsprozesse gibt. Zum einen ein hoher Leidensdruck (große Schmerzen), zum anderen eine hohe Leidenschaft (große Ziele).*

• *bist Du Dir darüber im Klaren, dass Veränderungsprozesse in der Regel in drei Schritten, oder auf drei Stufen ablaufen. Die erste Stufe ist die Bewusstheit, die zweite Stufe der Wille und die dritte Stufe ist die Umsetzung.*

Also entscheide Dich richtig, erwarte nur das Beste und übernimm Verantwortung.

Liebe Grüße
Deine Lotte

Das ist Lotte

Lotte hat Verantwortung für ihr Leben übernommen und weiß, dass nur sie dafür verantwortlich ist, welche Bedeutung sie Ereignissen gibt. Wenn sie mit etwas unzufrieden ist, jammert sie nicht, sondern verändert etwas. Im Leben geht es um gute Entscheidungen und das ist ihr klar, daher hat sie sich bewusst dafür entschieden, in einer Welt zu leben, die es gut mit ihr meint.

Lotte ist schlau.

Sei wie Lotte :-)

3. Die Rolle des Unterbewusstseins

In nahezu jedem Buch zum Thema Persönlichkeitsentwicklung erfährt man von der entscheidenden Rolle des Unterbewusstseins in unserem Leben.

Charles F. Haanel stellt beispielsweise in seinem Buch „The Master Key System" die These auf, dass sich mindestens neunzig Prozent unseres geistigen Lebens unterbewusst abspielt. Ähnliche Prozentzahlen liefert auch das „Eisbergmodell des Unterbewusstseins", welches beschreibt, dass lediglich 5 Prozent unserer Verhaltensweisen bewusst und die übrigen 95 Prozent unterbewusst ablaufen. Zu den bewussten Prozessen zählen in diesem Zusammenhang Lernprozesse, die wir mit voller Kognition steuern, neue Erfahrungen, die wir machen, Prozesse der Logik, sowie bewusstes und absichtsvolles Denken. Zu den unterbewussten Prozessen gehören unsere Routinen, Glaubenssätze, Programme und Blockaden. Für unser Leben bedeutet dies, dass die Entscheidungen, die wir treffen, die Handlungen, die wir ausführen und die Gefühle, die wir uns machen, sehr häufig nicht von uns aktiv, gezielt und bewusst gesteuert werden. Folglich gestaltet die Mehrzahl von uns Menschen ihr Leben nur zu einem sehr kleinen Teil bewusst und durchläuft den Großteil des Lebens in einer Art Autopilot.

Das Verhältnis zwischen Bewusstsein und Unterbewusstsein können wir uns auch mit der Metapher des Blumenbeets veranschaulichen. Wir können unser Unterbewusstsein als besonders fruchtbaren Boden eines Blumenbeets ansehen, welcher jeden Samen aufnimmt und zum Gedeihen bringt. Das Bewusstsein, oder besser gesagt die bewussten Gedanken, sind die Samenkörner und die können negativ und schädlich, oder eben positiv sein. Das Unterbewusstsein sorgt ohne Prüfung der Gedanken dafür, dass sie wachsen und gedeihen und das bei ausnahmslos jedem Gedanken.

Die Bedeutung des Unterbewusstseins auf unser Leben und auf unseren Glückszustand kann daher nicht als hoch genug bewertet werden. Menschen, die die Kräfte ihres Unterbewusstseins nicht gezielt nutzen, leben meiner Ansicht nach nicht ihr volles Potenzial aus. Im Umkehrschluss bedeutet dies, dass wir nur lernen dürfen, uns die Fähigkeiten des Unterbewusstseins zunutze zu machen und es entsprechend unserer Ziele sozusagen zu instruieren, dann steht uns die Welt im wahrsten Sinne des Wortes offen.

Die entscheidende Frage ist, ob das Unterbewusstsein für oder gegen dich arbeitet? Ob es dir hilft, dein Leben positiv zu gestalten, oder dich unbemerkt bremst?

Denn dein Unterbewusstsein kann in manchen Situationen entweder als eine Art hinderliches Zusatzgewicht fungieren, welches dich immer wieder auf den Boden der Tatsachen zurückholt, oder als raketenartiger Düsenantrieb, der dir zeigt, dass kein Stern zu weit weg ist und alles möglich ist.

Ich möchte dir an dieser Stelle auf keinen Fall Angst vor deinem Unterbewusstsein machen. Es ist dein bester Freund im Hintergrund. Es arbeitet für dich und schützt dich immer. Du kannst es als eine Art großen Bruder sehen, der es immer gut mit dir meint, der dir dein Leben erleichtern möchte und genau das tut dein Unterbewusstsein, es erleichtert dir dein Leben.

Es kann aber auch durchaus möglich sein, dass dein Unterbewusstsein hinderlich ist, dass dich dein bester Freund auf übertriebene Weise zu beschützen versucht, obwohl er es nur gut mit dir meint.

Hinderlich kann das Unterbewusstsein beispielsweise dann sein, wenn es in der Kindheit gelernt hat, Schutzmechanismen zu installieren, welche zur damaligen Zeit durchaus noch sehr nützlich gewesen sind, es in deiner aktuellen Situation jedoch nicht mehr sind. Wir werden dadurch in der Auslebung unserer Potenziale eingeschränkt. So ist es mehr als verständlich, dass sich viele Menschen so unfassbar schwer damit tun, ihre Komfortzone zu verlassen, da sie Schutz und Sicherheit darstellt.

Daher ist es meiner Ansicht nach wichtig, sich die Rolle des eigenen Unterbewusstseins und die Qualität der eigenen Verhaltensweisen immer wieder bewusst zu machen.

Stell dir einmal einen kleinen Jungen vor, der ganz normal aufwächst. Was denkst du, wie oft er solche Sätze, wie „Du schaffst das nicht", „Dafür bist du zu klein", „Sei leise und hör zu" zu hören bekommen hat?

Ich bin mir sicher, dir fallen noch mehr Sätze dieser Art ein. Derartige Limitierungen in der Jugend, die im Laufe der Jahre zu Glaubenssätzen werden können (bis zum Alter von 6 Jahren sind wir Menschen für diese Art von Programmierungen sehr anfällig) können sich im Erwachsenenalter als äußerst hinderlich erweisen. Ich denke jeder von uns kennt das Gefühl, einer Situation nicht gewachsen zu sein, oder nicht gut genug für etwas oder jemanden zu sein. Dabei sind dies alles nur unnütze und hinderliche Prägungen, die wir im

Laufe unseres Lebens mitbekommen haben. Vielleicht bist du selbst einem Traum einmal nicht nachgeeifert, weil du dachtest, du schaffst es sowieso nicht. Wäre es nicht möglich, dass dich dein Unterbewusstsein dabei nur zurückgehalten hat und als Schutzmechanismus fungiert hat, damit du deine Komfortzone nicht verlässt und keinen Schaden nimmst? Umgekehrt verhält es sich natürlich auch mit positiven und förderlichen Prägungen. Wenn ein Mensch in jungen Jahren sehr viel Positives und Aufbauendes gehört und erlebt hat, hat er in der Regel mehr förderliche Glaubenssätze im Erwachsenenalter. Daher ist es von entscheidender Bedeutung, dass wir gerade auf junge Menschen bestärkend einwirken und sie immer wieder ermutigen, auch neue Erfahrungen zu machen. Meine These ist Folgende: Ein Erwachsener, der in seiner Kindheit immer wieder von Eltern, Erziehern und Lehrern aufbauende Sätze wie „Alles ist möglich" und „Du bist ein Geschenk für die Welt" gehört hat, hat mehr Glaubenssätze in seinem Leben, die förderlich für seine Lebensqualität sind. Unser Unterbewusstsein bestimmt circa 95 Prozent unserer Handlungen. Daher ist es sehr sinnvoll, sich seiner unterbewussten Programme und Überzeugungen bewusst zu werden, damit diese, sofern sie hinderlich sind, verändert werden können.

Ursachenforschung, ist das notwendig?

Was ist Vergangenheit und welchen Nutzen hat sie?
Ich weiß an dieser Stelle nicht, ob du dir jemals diese Frage gestellt hast. Ob du jemals darüber nachgedacht hast, was deine Vergangenheit eigentlich ist. Ich bin mir ziemlich sicher, die meisten von uns verbinden entweder positive Erinnerungen mit ihrer Vergangenheit, die ihnen in ihrem aktuellen Leben weiterhelfen, oder sie rufen sich immer wieder negative Erfahrungen ins Gedächtnis, die im Nachhinein erklären, warum manche Dinge in ihrem Leben nicht so laufen, wie sie sollten.

Daher stell dir bitte einmal selbst diese Frage. Was ist eigentlich Vergangenheit?
Wenn wir eine Weile darüber nachdenken und ehrlich zu uns selbst sind, kommen wir an den Punkt zu verstehen, dass unsere Vergangenheit lediglich eine Geschichte in unseren Köpfen ist. Eine Geschichte, die zwischen unserem linken und rechten Ohr erzählt wird, die jeder von uns selbst konstruiert hat und die so wahrscheinlich nie stattgefunden hat. Du merkst das spätestens an der Stelle, wenn du mit anderen Menschen über ein gemeinsam

erlebtes Ereignis sprichst und jeder die Situation unterschiedlich darstellt und etwas vermeintlich ganz Anderes erlebt hat. Deine Vergangenheit ist nur eine Geschichte in deinem Kopf und diese Geschichte bestimmt bei ganz vielen Menschen ihr gesamtes Leben und auch, was sie im Stande sind zu leisten.

Es gibt nun mehrere Möglichkeiten, wie du mit dieser Geschichte in deinem Kopf umgehen kannst. Die erste Möglichkeit besteht darin, deine Vergangenheit als Ressource für Erfolg, Stärke und gelingende zwischenmenschliche Beziehungen zu nutzen. Als Ressource dafür, dass dir schon immer sehr viel gelungen ist.

Oder du entscheidest dich, wie so viele Menschen, für Möglichkeit zwei und du siehst deine Vergangenheit als Ressource für Schwäche. Als Beweis dafür, nicht gut genug zu sein. Als die Ursache für deine Probleme in der Gegenwart und Zukunft. Beide Arten, deine Vergangenheit zu sehen, sind möglich. Du darfst dich für eine entscheiden.

Offensichtlich ist, dass es die deutlich bessere Entscheidung ist, deine Vergangenheit als Ressource für Stärke zu nutzen. Denn einige von uns dürfen sich daran erinnern, dass sie in ihrem Leben bisher bereits unendlich viele Erfolge gefeiert haben. Das hat jeder von uns! Nur haben einige Menschen ihre Erfolge vielleicht als nicht bedeutend genug angesehen, was völliger Quatsch ist.

Der einzige Unterschied darin, ob du deine Vergangenheit als positive oder negative Ressource siehst, liegt in deiner Fokussierung. In unserer Gesellschaft gibt es viele Personen, die meiner Ansicht nach die falsche Fokussierung in Bezug auf ihre Vergangenheit haben. Die immer wieder von ihren Schicksalsschlägen in der Vergangenheit erzählen. So hört man häufig, dass schlechte Erfahrungen gemacht wurden, weshalb man nun nicht weiterkommt im Leben, kein Selbstvertrauen hat, oder Ähnliches. Wenn du dich dabei erwischst, wie du in Bezug auf deine Vergangenheit ausschließlich an die negativen Dinge denkst und nur über diese sprichst, richtet sich dein Fokus auf das Mangelgefühl und du wirst tausend Gründe finden, warum dir etwas auch in Zukunft nicht gelingen wird. Konzentrierst du dich jedoch auf die Dinge, die positiv waren, wirst du sehen, dass es sehr viele davon gibt. Nutze deine Vergangenheit, die Geschichte in deinem Kopf, in einer Art und Weise, die dir hilft und die für deinen weiteren Lebensweg förderlich ist.

Die Vergangenheit hat den Nutzen, dass wir Menschen aus ihr lernen, was wir möchten und sie daher als Ressource für eine hoffnungsvolle und positive Zukunft verstehen. Vergangenes hilft uns, unsere Ziele und Wünsche besser zu begreifen. Keinesfalls sollte sie jedoch hemmend oder gar erfolgsmindernd wirken.

Denke daher nicht ständig über vergangene negative Situationen nach, dadurch passieren nämlich nur zwei Dinge. Zum einen hältst du die vergangene Situation aktiv am Leben. Du führst ihr immer wieder Energie zu, was das genau bedeutet, findest du im weiteren Verlauf dieses Buches heraus. Zum anderen trainierst du dein Gehirn darauf, immer wieder über das Negative der Vergangenheit nachzudenken und diese Denkweise dadurch zu automatisieren.

Lasse deine negative Vergangenheit hinter dir, lebe in der Gegenwart und blicke hoffnungsvoll in die Zukunft. Was wünschst du dir zukünftig in deinem Leben? Was für ein Mensch willst du sein? Die Vergangenheit kann und wird dir auf diese Fragen keine Antworten geben können, daher halte dich nicht unnötig mit ihr auf.

Der Weg der kleinen Schritte – Wie unser Gehirn funktioniert

Du hast nun ein paar Dinge über die Rolle deines Unterbewusstseins erfahren und eine Möglichkeit kennengelernt, wie du deine Vergangenheit für dich nutzen kannst. Eine weitere Information, die meiner Meinung nach an dieser Stelle wichtig ist, damit du dich und deine Verhaltensweisen ein wenig besser verstehen kannst, ist die Funktionsweise deines Gehirns zu ergründen. Wie funktioniert es und was kannst du tun, um einschränkende Muster loszulassen und dadurch positive Veränderungen noch einfacher möglich zu machen?

Jede Veränderung fängt mit einem ersten, in den meisten Fällen, kleinen Schritt an. Als Baby war uns diese Tatsache völlig klar. Ein Kleinkind unternimmt seine ersten Gehversuche, fällt hin und probiert es gleich nochmal. So funktioniert das Leben. Der Spruch „Es ist noch kein Meister vom Himmel gefallen" ist so wahr, wie er nur sein kann. Mit der Veränderung der unbewussten Muster, die den ein oder anderen von uns zurückhalten und am Leben unserer Träume hindern, ist es genau dasselbe. Jede Veränderung beginnt mit einem ersten Schritt in eine neue Richtung. Eine kleine Herausforderung gibt es hierbei nur und das ist die Funktionsweise unseres Gehirns.

Unser Gehirn hat grobe Strukturen und es möchte, sofern es die Wahl hat, immer die

Gewohnheit, das bereits Bekannte, die Sicherheit. So zieht unser Gehirn, wenn es die Möglichkeit hat, das Bekannte und Sichere dem Neuen und Unbekannten vor. Wenn du Gewohnheiten hast, die außergewöhnlich sind und dich in deinem Leben immer weiterbringen, stellt diese Tatsache keine große Herausforderung dar. Sofern du aber Gewohnheiten hast, die hinderlich oder gar selbstzerstörerisch sind, ist diese Tatsache vielleicht gerade keine allzu gute Nachricht für dich. Daher ist es so wichtig seine Gewohnheiten zu kennen, zu prüfen und ganz nüchtern zu schauen, welche davon zielführend sind und welche nicht.

Unser Gehirn automatisiert alle Verhaltensweisen, wenn es nur kann, um Energie zu sparen. Unsere schlechten Verhaltensweisen sind daher nichts Anderes als Dinge, die wir uns antrainiert haben, die unser Gehirn dann, um Energie zu sparen, automatisiert hat. Wir haben es dem Gehirn im Grunde beigebracht und das Gute ist, ein jeder von uns kann sein Gehirn auch dahin trainieren, andere Gewohnheiten zu automatisieren.

Eine weitere sehr wichtige Tatsache ist, dass unser Gehirn nicht auf Glück, sondern lediglich auf das Überleben konditioniert ist. Auch deswegen ist es für viele Menschen so schwierig, ihre Komfortzone zu verlassen, da damit einhergeht, die Sicherheit zu verlassen. Das Unbekannte birgt evolutionär betrachtet häufig ein unnötiges Überlebensrisiko. Das ist der Grund, warum sich viele Menschen nicht verändern und immer gleich bleiben. Der Grund, warum sich nur die Wenigsten gezielt in Situationen begeben, in denen die Möglichkeit besteht, Grenzerfahrungen zu sammeln und Neues zu erleben. Folglich ist langfristige, positive Veränderung für viele Menschen schwierig und das muss nicht sein. Es geht hierbei nur um Gewohnheiten, um ritualisiertes Verhalten. Da dein Gehirn immer die Gewohnheit, das Ritualisierte wählt, sofern es die Wahl hat.

Und nun der Königsweg: Lerne dein Gehirn durch den Weg der kleinen Schritte, durch neue, kleinschrittige Erfahrungen umzuprogrammieren. Eine wichtige Tatsache besteht darin, dass das Gehirn sich durch emotionales Erleben verändert und nicht ausschließlich durch Einsicht. Daher genügt es nicht nur Bücher zu lesen, Podcasts zu hören, oder Seminare zu besuchen. Wir Menschen dürfen durchaus auch ins Handeln kommen, um etwas zu verändern.

Ich mache dir dies anhand eines Beispiels etwas deutlicher. Sehr viele Menschen haben Ängste, die im Grunde unbegründet sind und ihr Leben erschweren. Diese Ängste hindern Menschen daran, ihr volles Potenzial auszuleben. Die Nummer Eins der häufigsten Ängste der Menschen ist, laut dem Amt für Statistik, die Angst vor dem öffentlichen Reden. 41 Prozent der Menschen haben diese Angst. Um diese Angst aufzulösen, genügt es nun nicht, lediglich zu der Einsicht zu gelangen, dass diese Angst unbegründet ist und rein gar nichts passieren kann, wenn man vor einer Gruppe von Menschen spricht. Wir müssen auch erleben, dass nichts passieren kann und wir uns selbst vertrauen können.

Wenn du Lust hast, stellen wir uns einmal der häufigsten Angst der Deutschen, dem öffentlichen Reden.

Was könnte ein Mensch nun tun, um diese Angst, von der die meisten von uns nicht einmal wissen, wo sie herkommt, abzulegen?

Die Antwort lautet, der Weg der kleinen Schritte.

In den meisten Fällen von Ängsten geht es darum Selbstvertrauen aufzubauen. Bedeutet, du darfst deinem Gehirn zeigen, dass es dir vertrauen kann und in Sicherheit ist. Wenn du nun Angst vor dem öffentlichen Reden haben solltest, darfst du dich Schritt für Schritt dieser Angst stellen, denn deine größte Angst zeigt gleichzeitig dein größtes Wachstumspotenzial an. Es geht für mich nicht so sehr darum, ins kalte Wasser zu springen und gleich vor 200 oder gar noch mehr Menschen zu sprechen, wie es von einigen Menschen empfohlen wird. Vielmehr darfst du dir selbst zuerst zeigen, dass du dir vertrauen kannst. Ein erster Schritt könnte darin bestehen zunächst einfach einmal in deinem Freundeskreis das Wort zu ergreifen und so an Sicherheit zu gewinnen. Wie du nun bereits weißt, liebt dein Gehirn die Sicherheit. Dann könntest du in einem nächsten Schritt vor einer größeren Gruppe sprechen, vor deinen Kollegen beispielsweise und mit jedem kleinen Schritt zeigst du dir und deinem Gehirn, dass es in Sicherheit ist und, dass du dir vertrauen kannst. Du programmierst dein Gehirn im Grunde Schritt für Schritt, ganz behutsam auf „Ich schaffe das, ich kann mir vertrauen".

Die Redeangst ist hier nur exemplarisch gewählt, da fast die Hälfte der Deutschen unter dieser Angst leidet. Dies muss natürlich nicht auf dich zutreffen. Du kannst diese Vorgehensweise auf alle Themen und hinderlichen Glaubenssätze in deinem Leben übertragen. Mach dir deine Gewohnheiten bewusst, wage gezielt das Neue und dann geh Schritt für Schritt darauf zu und du wirst sehen, wie du persönlich wächst und hinderliche Verhaltensmuster schon bald der Vergangenheit angehören.

Jeder von uns besitzt das leistungsfähigste Gehirn, das es jemals auf diesem Planeten gab, ein Hochleistungsprozessor, wenn man so möchte. Etwas doof ist nur, dass keine Gebrauchsanleitung mitgeliefert wurde. Vielleicht dient dieses Kapitel ein wenig als Anleitung.

Die Kraft von Glaubenssätzen

„Lass deine Vergangenheit los, damit das Universum deine Zukunft neugestalten kann."

Marianna Williamson

Die Dinge, die du über dich und die Welt glaubst zu wissen, werden sich immer bestätigen. Unsere Glaubenssätze, unsere Überzeugungen bestimmen unser Verhalten, unsere Erfahrungen und dadurch auch unser Schicksal. Unser Unterbewusstsein ist andauernd dabei, unsere Glaubenssätze zu bestätigen. Wenn du beispielsweise glaubst bzw. weißt, dass das Leben wunderschön ist und du nur das Beste verdienst und dein Leben ein Ponyhof ist, wird dir die Welt den Gefallen tun und immer wieder Situationen liefern, die deinen Glauben bestätigen. Wenn du jedoch glaubst, du bist nicht gut genug und hast kein Glück verdient, wird dir die Welt auch hier den Gefallen tun und du findest dich immer wieder in Situationen, in denen deine Überzeugungen bestätigt werden. Wenn dann einmal etwas geschehen sollte, was deinem Glaubenssystem nicht entspricht, tust du es als Ausnahme von der Regel, als Fehlinformation ab. Wie du siehst, können manche Glaubenssätze wirklich sehr einschränkend sein. Sobald es dir gelingt, negative Glaubenssätze aufzulösen, wirst du in der Lage sein, ein komplett neues Leben zu führen, denn sie sind unfassbar wichtige Hebel im Rahmen der positiven Veränderung. Jede einflussreiche Persönlichkeit unserer Zeit hat Überzeugungen, die sie genau an den Punkt gebracht haben, an dem sie ist. Eine super Frage, die Tony Robbins im Zusammenhang mit Glaubenssätzen und Erfolg stellt, ist Folgende: „Woran müsste ich glauben, um in diesem Bereich Erfolge zu erzielen?" Was denkst du, woran glauben Menschen, die in ihrem Bereich Spitzenleistungen erzielen?

Glaubenssätze haben einen großen Einfluss auf unsere Erwartungen und die Hinderlichen unter ihnen führen nicht selten zu Gefühlen von Hilflosigkeit, Hoffnungslosigkeit und Wertlosigkeit. Und nun die gute Nachricht: Hinderliche Glaubenssätze können ganz schnell aufgelöst werden.

Es ist hierbei absolut egal, was die Ursachen von hinderlichen Glaubenssätzen sind und wann diese entstanden sind. Unsere Aufgabe besteht lediglich darin, diese zu entdecken und zu entkräften.

Eine Frage, die mir sehr geholfen hat, war die Frage danach, was mich in meinem Leben zurückhält. Was hindert mich daran, den Erfolg zu haben, der mir zusteht? Welche Überzeugungen, Glaubenssätze und Lebenswerte stehen meinem Traumleben im Weg? Warum bin ich im Moment nicht an der Stelle, an der ich in meinem Leben sein möchte?

Glaube ich beispielsweise vom Leben, dass es ein Kampf ist? Dass Erfolg mit harter Arbeit verbunden sein muss? Dass es im Leben nichts geschenkt gibt? Glaube ich, dass nicht jeder Mensch Erfolg verdient hat? Oder, dass ich ein schlechter Mensch sein muss, um viel Geld zu verdienen? Wenn man sich etwas intensiver mit diesen Fragen beschäftigt, kommen nach und nach die eigenen Limitierungen zum Vorschein.

Der erste Schritt besteht daher immer darin, die limitierenden Glaubenssätze, Überzeugungen und Annahmen über sich selbst und über die Welt zu identifizieren. Schaffe dabei auch ein Bewusstsein für deine inneren Dialoge, die du führst. Achte hierbei darauf, wie du mit dir redest. Was denkst du über dich? Was denkst du über die Welt?

Im zweiten Schritt geht es dann darum, diese Limitierungen aufzulösen und neue förderliche Annahmen zu entwickeln. Schiebe die Selbstkritik beiseite und beende den Krieg mit dir selbst und mit der Welt. Konzentriere dich auf deine guten Eigenschaften. Wenn du Frieden mit dir selbst schließt und die Selbstliebe wieder in dein Leben lässt, kannst du nur gewinnen.

Verbinde extreme Nachteile mit den noch bestehenden einschränkenden Glaubenssätzen. Stell dir dabei folgende Fragen:

- Was hat es mich in der Vergangenheit gekostet, diesen Glauben aufrechtzuerhalten?
- Was kostet es mich gerade jetzt in der Gegenwart?
- Was wird es mich geistig, emotional, finanziell in der Zukunft kosten, wenn ich diesen Glauben nicht ein für alle Mal aus meinem Leben verbanne?

Entscheide danach selbst, was du glauben möchtest und drehe deine hinderlichen Glaubenssätze ins Positive und notiere deine neue Überzeugung auf einem Blatt Papier.

Hier einige Beispiele von Glaubenssätzen, die für ein erfülltes und selbstbestimmtes Leben förderlich sind:

- Ich kann alles erreichen, was ich möchte!
- Ich kann alles lernen!
- Ich bin gut genug!
- Ich bin ein Geschenk für die Welt!

Im dritten und letzten Schritt geht es nun darum, deine neu entwickelten Überzeugungen zu stützen und zu verstärken. Welche Erfahrungen machst du oder hast du bereits gemacht, die deinem neuen, positiven Glaubenssatz als Referenzerlebnis dienen? Du darfst in diesem Schritt aktiv nach Beweisen für deine neuen Glaubenssätze suchen. Schauen wir uns beispielsweise den Glaubenssatz „Ich kann alles lernen!" einmal an. Wann hast du dies schon einmal wahrgenommen? Wann warst du in deinem Leben schon einmal in einer Situation, in der du etwas neu gelernt hast und stolz auf dich warst? Erinnere dich an Situationen und Ereignisse, die dir genau diesen Glaubenssatz bestätigen und versuche gezielt nach Möglichkeiten Ausschau zu halten, die dir diesen Glaubenssatz bestätigen.

Erinnere dich hierbei wieder an den Weg der kleinen Schritte, unseren Königsweg. Überzeuge dein Gehirn Schritt für Schritt, Referenzerlebnis für Referenzerlebnis davon, dass dein gewünschter Glaubenssatz deiner Wahrheit entspricht.

Ein Glaube ist nur ein Gedanke, den du immer wieder denkst

Unsere Überzeugungen und Glaubenssätze, die Dinge, an die wir glauben und die wir für wahr halten, werden von verschiedenen Säulen gestützt. Eine sehr wichtige Säule, die unseren Glauben stützt, sind die Referenzerlebnisse, die Erfahrungen, die wir im Laufe unseres Lebens gemacht haben und noch viel wichtiger, welche Bedeutung wir diesen Erfahrungen gegeben haben. Hast du in deiner Jugend beispielsweise einmal eine Zurückweisung erfahren und dieser die Bedeutung von „Ich bin nicht gut genug" gegeben, dann dient dir diese Erfahrung als Referenzerlebnis für selbige Überzeugung. Eine weitere Stütze unserer Überzeugungen sind unsere Modelle und die Umwelt. Das heißt, wir bilden unseren Glauben auch häufig durch die Beobachtung der Menschen in unserer näheren Umgebung aus und übernehmen in Teilen deren Glauben. Diese Tatsache kann förderlich sein, wenn es sich um besonders glückliche und erfolgreiche Menschen handelt, wenn dies nicht der Fall ist, kann dieser Umstand durchaus zu hinderlichen Glaubenssätzen führen.

Eine weitere wichtige Stütze sind Autosuggestionen. Laut Dr. Joseph Murphy versteht man unter Autosuggestionen die Selbstbeeinflussung durch ganz bestimmte und gezielte Gedanken oder Vorstellungen. Für mich geht es in diesem Zusammenhang darum, wie wir mit uns selbst, bewusst und auch unterbewusst, sprechen. Und an diese Säule setzt der folgende Satz an:

Ein Glaube ist nur ein Gedanken, den du immer wieder denkst.

Du kannst jeden Gedanken zu einem festen Glauben machen, wenn du ihn nur oft genug denkst. Was viele Menschen an dieser Stelle nicht wissen, ist, dass Denken auditiv ist. Das heißt, dass wir denken, indem wir Selbstgespräche führen. Das ist dir vielleicht schon mal aufgefallen, als du nachts in deinem Bett lagst und nicht einschlafen konntest, weil du immer wieder irgendwelche Dialoge gedanklich durchgegangen bist. Hierüber erfährst du mehr im weiteren Verlauf dieses Buches.

Wenn unsere Glaubenssätze unser ganzes Leben bestimmen und ein Glaube nur ein Gedanke ist, den wir immer wieder denken, haben wir alle eine ganz einfache und entscheidende Aufgabe:

Wir dürfen dafür Sorge tragen, dass wir gut mit uns selber reden und unsere inneren Dialoge positiv und aufbauend gestalten. Wir dürfen unsere Gedanken, so gut es geht, unter unsere Kontrolle bringen bzw. uns nicht zu sehr von ihnen kontrollieren lassen und so den negativen, selbstzerstörerischen inneren Dialog stoppen.

Sage dir selbst immer wieder bestärkende und förderliche Dinge. Du möchtest daran glauben, dass du alles schaffen kannst? Dann hast du eine Aufgabe, denke es immer und immer wieder. Sag dir in Gedanken immer wieder den Satz „Ich kann alles schaffen", oder noch besser, sag dir den Satz „Ich kann alles schaffen, sein und werden, was ich will.". Wiederhole diesen Satz immer und immer wieder und finde Erfahrungen, die dir genau dies bestätigen. Du wirst sehen, dass dieser Satz über kurz oder lang zu deiner Realität werden wird. Eine klitzekleine Einschränkung gibt es noch. Du solltest auch wirklich daran glauben, was du zu dir selbst sagst.

Aber wie machst du nun Autosuggestionen glaubhaft und wirkungsvoll, sodass sie dich auf optimale Weise unterstützen?

Was sind die entscheidenden Zutaten für kraftvolle Suggestionen?

Zutaten für kraftvolle Suggestionen

Suggestionen sind keine Erfindung der neuen Zeit. Selbst Mönche nutzen diese äußerst kraftvolle Technik zur Beeinflussung ihres Unterbewusstseins durch ihre Mantras, in denen sie ständig Sätze wiederholen. Suggestionen sind deshalb so machtvoll, da wir unser Unterbewusstsein dadurch neu programmieren können und alles als Input verwenden können, was wir uns wünschen.

Entscheide doch einfach selbst, was du denken möchtest bzw. was du glauben möchtest.

Hier sind einige Zutaten, um Suggestionen kraftvoll, glaubhaft und dadurch wirkungsvoll zu machen:

1) Die Suggestion ist exakt und positiv formuliert.
2) Die Suggestion beginnt mit den Worten „ICH BIN" und ist in der Gegenwartsform formuliert.
3) Die Suggestion ist mit einer klaren und detaillierten gedanklichen Vorstellung verknüpft.
4) Das zu der Suggestion passende Gefühl wird während des Aussprechens, oder Denkens gefühlt.
5) Eine Körperbewegung wird mit der Suggestion verbunden.

Eine wirksame Suggestion sollte stets positiv formuliert sein, da unser Unterbewusstsein ganz vereinfacht gesprochen nicht in der Lage ist, Negationen (Verneinungen) zu verarbeiten. Man könnte auch sagen, dass unser Gehirn Informationen nicht verarbeiten kann, ohne sie zu verarbeiten. An dieser Stelle eine kleine Übung, die in diversen Fachbüchern immer wieder zu finden ist. Wenn ich dich jetzt darum bitten würde, NICHT an einen rosa

Elefanten mit grünen Punkten zu denken, was passiert dann? Was tust du in diesem Moment? Ich habe während ich dies schreibe eine These, du denkst an einen rosa Elefanten mit grünen Punkten. Richtig? Wie du siehst, verarbeitet unser Gehirn die Informationen immer. Wenn du also sagst „Ich bin nicht mehr schüchtern.", verarbeitet dein Gehirn die Schüchternheit. Du erinnerst dich dann beispielsweise an Situationen, in denen du schüchtern warst und fühlst dich dementsprechend, was eher kontraproduktiv wäre. An dieser Stelle wäre die Suggestion „Ich bin selbstbewusst.", deutlich besser, da eine Suggestion immer das verstärken sollte, was du möchtest und nicht, was du nicht möchtest. „Ich-bin-Statements" sind zielführend, da die meisten Menschen damit eine hohe Emotionalität verbinden und sie unsere Identität ausdrücken.

Sinnvoll zu klären, wäre noch, ob du in der Ich-Form oder in der Du-Form mit dir sprichst. Sofern du ein Mensch bist, der mit „Du-bist-Statements" eine höhere Emotionalität verbindet, könntest du auch einmal versuchen, dich zu duzen. Probiere es einfach einmal über einen längeren Zeitraum aus und nutze, was sich für dich besser anfühlt.

Die nächste Zutat ist eine klare und detaillierte gedankliche Vorstellung des Wunschzustandes. Wenn du dir beispielsweise sagst, dass du eine einflussreiche Persönlichkeit bist, könntest du dir dabei möglichst detailliert eine Situation vorstellen, in der du dich in der Rolle dieser Person siehst. Erlebe diese Situation in allen Details, während du deinen Satz aussprichst oder denkst. Es ist hierbei nicht von Bedeutung, ob du jemals in solch einer Situation gewesen bist. Wenn du noch nie eine solche Situation erlebt hast, dann erfinde in Gedanken einfach eine und tauche voll und ganz ein.

Das Gefühl, das du beim Aussprechen oder Denken der Suggestion hast, ist die mit Abstand wichtigste Komponente, da Emotionen unserem Unterbewusstsein Rückenwind verleihen. Ohne die entsprechenden Gefühle sind deine Suggestionen nichts als leere Worte. Wenn du sagst „Ich bin selbstbewusst" und dich dabei ängstlich und verzweifelt fühlst und mit dem nächsten Gedanken „Wer's glaubt wird selig" denkst, dann widersprechen sich deine Worte und dein Glaube und der ausgesprochene Satz bleibt nichts als leere Worte. Erinnere dich stattdessen an einen Moment, an dem du dich selbstbewusst gefühlt hast. Versuche dir diesen Moment mit allen Sinnen wieder ins Gedächtnis zu rufen. Was hast du gefühlt? Was hast du gehört? Was hast du gesehen? Und wenn du voll in dem Moment bist und das entsprechende Gefühl fühlst, dann sage aus vollster Überzeugung „ICH BIN SELBSTBEWUSST". Wenn du dir diesen Satz immer wieder mit dem entsprechenden

Gefühl sagst, wird er über kurz oder lang deine Wahrheit werden. Auch hier gilt, Übung macht den Meister. Gezielt eingesetzte Körperbewegungen während du deine Suggestionen sagst, können dich zudem dabei unterstützen, dir selbst eher zu glauben. Wenn du beispielsweise „Ich glaub an mich" sagst, könntest du dir dabei mit beiden Händen in Richtung Herz fassen. Oder wenn du „Ich kann alles schaffen" sagst, könntest du dir anerkennend selbst auf die Schulter klopfen. Probiere es einfach mal aus.

Unterbewusste Gewohnheiten ändern, den „Flexibilitätsmuskel" trainieren

Ich betreibe seit meinem 17. Lebensjahr aus tiefster Überzeugung und mit voller Leidenschaft Kraftsport und arbeite gerne mit der Metapher, dass im Grunde alles ein Muskel ist, der trainiert werden kann. Beim Bodybuilding geht es darum, durch gezieltes Training, durch ausgewählte Übungen, die Muskulatur zu beanspruchen und dadurch dafür zu sorgen, dass sie an Volumen zunimmt.

Und genauso wie die Skelettmuskeln unseres Körpers kann auch der „Flexibilitätsmuskel" trainiert werden. Im Übrigen genauso wie der „Glücksmuskel", der „Erfolgsmuskel" und auch der „Muskel der positiven Fokussierung". Es kommt immer nur auf die Anzahl der Wiederholungen, die Übung und auf das nötige Durchhaltevermögen an. Beim Muskel der positiven Fokussierung wäre ein gutes Training beispielsweise das wiederholte Üben, den Fokus bzw. die eigenen Gedanken bewusst in eine gezielte Richtung zu steuern.

Vielleicht hast du schon einmal den Spruch „Der Flexiblere führt" gehört. Ich kann diesem Spruch sehr viel Wahres abgewinnen. Wenn wir in einer Situation mehrere Wahlmöglichkeiten haben, können wir gelassener auch mit herausfordernden Situation umgehen. Eine Person, die in bestimmten Situationen flexibel reagieren kann und ein Repertoire an Verhaltensweisen hat, wird in ihrem Leben erfolgreicher sein, als eine Person, die diese Fähigkeit nicht besitzt. Egal, wie wir Erfolg definieren.

Daher ist es auf jeden Fall eine gute Idee, den „Flexibilitätsmuskel" zu trainieren.

Aber was ist denn eigentlich „Flexibilität"?
Schlägt man den Duden auf und sucht das Wort „flexibel", steht hier folgende Definition: „an veränderte Umstände anpassen, anpassungsfähiges Verhalten zeigen".

In unserer heutigen Zeit ist es von zentraler Bedeutung auf die sich ständig verändernden Anforderungen flexible reagieren zu können. Derjenige, der unterschiedlich mit Herausforderungen umgehen kann und sein Verhalten, seine Denkgewohnheiten und seine Handlung zielführend an die entsprechende Situation anpassen kann, wird im Leben mehr erreichen und vorwärts kommen.

Eine Möglichkeit, den „Flexibilitätsmuskel" zu trainieren, besteht darin, unterbewussten Strategien und Gewohnheiten bewusst zu durchbrechen.

Hast du jemals darauf geachtet, welche Gewohnheiten deinen typischen Tagesablauf bzw. dein Leben beeinflussen? Stehst du beispielsweise jeden Morgen auf und startest immer mit derselben Routine in den Tag?

Die Morgenroutine ist bei vielen Menschen ein super Beispiel für ein unbewusstes Ritual, welches hinterfragt und gezielt durchbrochen werden darf. Bei der Mehrzahl der Menschen läuft diese Routine komplett auf Autopilot ab. Aufstehen, Kaffee trinken, duschen, Zähne putzen. So, oder so ähnlich sieht der Start in den Tag bei vielen Menschen aus.

Hast du dich jemals gefragt, warum du jeden Morgen die gleichen Dinge in der gleichen Reihenfolge machst? Erfüllt deine Morgenroutine den Zweck dich auf „Erfolg zu programmieren"? Ermöglicht sie dir einen perfekten Start in den Tag? Wenn du diese Fragen nicht beantworten kannst, habe ich hier einen Vorschlag für dich, der dich auf dem Weg zu mehr Flexibilität und zu mehr Lebensfreude unterstützen kann. Mache morgens einfach einmal etwas Anderes und durchbreche gezielt deine Gewohnheiten.

Starte zunächst damit die Reihenfolge deiner Morgenroutine zu verändern und beobachte, was passiert und wie du dich fühlst. Ich habe eine These, am Anfang wird das alles ungewohnt sein. Integriere im nächsten Schritt neue Elemente in deine Morgenroutine und schau, wie dein Tag abläuft. Ich habe mir einmal die Mühe gemacht und die Routinen der Menschen, die ich für besonders erfolgreich halte, zu übernehmen. So starte ich beispielsweise mit einer einfachen Frage in jeden Tag, die meinen Fokus bereits nach dem ersten Augenöffnen hin zu den positiven Dingen in meinem Leben richtet. Ich stelle mir die Frage, wofür ich in meinem Leben dankbar bin und finde mindestens fünf Dinge, Menschen, Ereignisse, die mir ein gutes Gefühl geben. Dann meditiere ich 15 Minuten und mache im Anschluss Sport. Welche Gewohnheiten für dich am besten sind, darfst du selbst herausfinden. Die Idee besteht einfach darin, die Gewohnheiten, die unbewusst jeden Tag auf dieselbe Weise ablaufen, zu erkennen, zu verstehen und zu hinterfragen. Frag dich, ob dich deine Gewohnheiten deinen Zielen jeden Tag einen Schritt näher bringen werden. Integriere Schritt für Schritt sogenannte Erfolgsgewohnheiten, die sich für dich gut anfühlen und dich voranbringen. Welche das im Einzelnen sind, hängt ganz von deinen Zielen ab. Schau dir hierzu Menschen an, die in dem Bereich erfolgreich sind, in welchem du es auch gerne wärst. Was machen diese Menschen regelmäßig? Welche Routinen haben diese Menschen?

Wenn du beispielsweise einen guten Körper möchtest, wäre es auf jeden Fall schon einmal ein guter Anfang, sich morgens sportlich zu betätigen. Wenn du deine Gedanken mehr und mehr unter deine Kontrolle bringen möchtest und dafür sorgen möchtest, dass deine negativen Dialoge dich nicht mehr so stark beeinträchtigen, wäre eine Meditation von ein paar Minuten jeden Morgen ein guter Anfang.

Jeder von uns hat Gewohnheiten und Strategien, die unterbewusst und ganz automatisch ablaufen. Diese Automatisierung ist auch durchaus sinnvoll und vor allem auch notwendig, da unser Gehirn es sich energetisch gar nicht leisten könnte, allen Handlungen die volle Aufmerksamkeit zu schenken. Wenn jeder Atemzug, jede Bewegung, jede Organfunktion bewusst gesteuert werden würde, würden wir ein echtes Problem bekommen. Ein bewusstes Achten auf seine im Autopilot ablaufenden Gewohnheiten ist dennoch sinnvoll, denn wenn du Bewusstheit erlangst und erkennst, dass deine Strategien und Gewohnheiten nicht den nötigen Erfolg für dich bringen, hast du die Möglichkeit, dies zu ändern und neue, vielversprechendere Gewohnheiten und Strategien in deinen Alltag zu integrieren.

Im Folgenden findest du unter der Überschrift „Sich auf Erfolg programmieren" meine Morgenroutine. Wenn du möchtest, kannst du sie gerne in den nächsten Wochen ausprobieren und schauen, ob du besser in den Tag startest.

Sich auf Erfolg programmieren

Meine Morgenroutine:

1. Ich erwache in dem Wissen, dass jeder Tag ein Geschenk ist und mich meinen Zielen ein Stückchen näher bringt. Mit noch geschlossenen Augen starte ich mit folgender Intention in den Tag: „Ich gehe heute liebevoll und achtsam durch den Tag und richte meinen Blick auf die positiven Dinge."
Ich plane den kommenden Tag kurz gedanklich vor. Und frage mich dabei: Was möchte ich erleben? Wie wäre der Tag erfolgreich?

2. Dann öffne ich die Augen und beantworte schriftlich drei Fragen, die mich unterstützen, meinen Fokus auf die positiven Dinge zu richten und mir helfen, in das Gefühl der Wertschätzung zu kommen. Ich stelle mir folgende Fragen:

• Wofür bin ich dankbar in meinem Leben?
• Was ist mir wichtig?
• Worauf bin ich stolz?

3. Daraufhin meditiere ich für 10 bis 15 Minuten.

4. Dann verlasse ich das Bett und mache einige körperliche Übungen. Mein Körper kommt dadurch gleich in die Energie und ich starte mit einem wachen Geist in den Tag. Hampelmänner, Kniebeugen, Liegestütze und Sit-Ups. All diese Übungen lassen mich mit einem guten Gefühl in den Tag starten.

5. Ich gehe in die Küche und trinke ein Glas Wasser, am besten in Körpertemperatur, denn keine Substanz löst mehr Giftstoffe im Körper als Wasser.

6. Dann mache ich mir ein gesundes Frühstück und höre in der Regel einen inspirierenden Podcast.

Für meine Morgenroutine stehe ich im Durchschnitt jeden Morgen 35 Minuten früher auf. Jede Minute davon ist für mich wertvoll. Seit ich diese Morgenroutine mache, starte ich mit viel mehr Begeisterung in den Tag. Probiere meine Morgenroutine gerne einfach mal über einen längeren Zeitraum aus und du wirst sehen, wie sich dein Leben zum Positiven verändern wird. Mir ist klar, dass diese Routine mehr Zeit benötigt, als aufstehen, Kaffee trinken, anziehen und ab zur Arbeit, aber ich garantiere dir das frühe Aufstehen wird sich lohnen.

Jacks Ponytipps:

Lieber Leser,

werde Dir Deiner unsichtbaren Mauern bewusst. In welchen Situationen gibt es Einflüsse von innen, die Dich hindern, etwas zu unternehmen? Reflektiere, auf welche Weise Dir diese Mauern dienlich waren, sie Dich in der Vergangenheit geschützt oder unterstützt haben. Frage Dich, was die positive Absicht dieser unsichtbaren Mauern ist bzw. war und sei zunächst dankbar dafür.

Frage Dich nun, auf welche Weise sie Dich einschränken. Was verhindern Deine Glaubenssätze und was haben sie Dich in emotionaler, spiritueller und finanzieller Hinsicht bereits gekostet? Wie wird deine Zukunft sein, wenn Du an Deinem alten Glauben festhältst? Ziehe die Möglichkeit in Erwägung, diese hinderliche, unsichtbare Mauer einzureißen und überlege, was dies für Dein weiteres Leben zur Folge hätte. Dann mache eine Sache. Reiße diese Mauern mit aller Kraft ein. Verbinde so viel Schmerz mit Deinen negativen Überzeugungen und Glaubenssätzen und finde Neue und Bessere. Woran müsstest Du glauben, um das Leben Deiner Träume zu leben? Entscheide Dich, die Dinge zu glauben, die Du glauben möchtest und die Dir guttun und dann finde in Deinem täglichen Leben Bestätigungen für Deinen neuen Glauben.

Durchbreche bewusst Deine festgefahrenen Routinen, um flexibler zu werden. Sei keiner dieser Menschen, die immer das Gleiche machen, sich nie hinterfragen und andere Ergebnisse erwarten.

Ach, und noch was ...

Wenn Du Dein Leben als Ponyhof wahrnehmen möchtest,

• *darfst Du Dir im Alltag immer wieder die Bedeutung Deines Unterbewusstseins ins Gedächtnis rufen und Deine Verhaltensweisen und Reaktionen auf Ereignisse gezielt beobachten. Frage Dich immer mal wieder, warum Du Dich auf diese Art und Weise verhalten hast.*

• *weißt Du, dass hinderliche Glaubenssätze die Ursache für unerwünschtes Verhalten sein können. Du entledigst Dich aller unnützen und hinderlichen Prägungen, die den Weg zum Lebensglück erschweren.*

• *siehst Du Deine Vergangenheit als das an, was sie ist, eine Geschichte in Deinem Kopf. Du denkst nicht andauernd über vergangene, negative Ereignisse nach, die so wahrscheinlich niemals stattgefunden haben.*

• *machst Du Dir die Funktionsweise Deines Gehirns bewusst und wirst getreu den Worten von Vera F. Birkenbihl „Vom Gehirn-Besitzer zum Gehirn-Benutzer". Du lernst Dein Gehirn durch den Weg der kleinen Schritte, durch neue, kleinschrittige Erfahrungen umzuprogrammieren, wenn Du das für nötig hältst.*

• *entscheidest Du Dich selbst dafür, was Du über Dich und die Welt glauben möchtest und suchst gezielt nach Referenzerlebnissen, nach Erfahrungen, die Deinen Glauben bestätigen und stützen.*

• *nutzt Du zudem Suggestionen, um Deinen Glauben zu stützen, da Du weißt, dass Du jeden Gedanken zu einem festen Glauben machen kannst, wenn Du ihn nur oft genug denkst.*

Denk immer dran, Dein Unterbewusstsein, Deinen besten Freund im Hintergrund, so zu instruieren, dass es Dich unterstützt, das Leben Deiner Träume zu führen.

Liebe Grüße
Dein Jack

Das ist Jack

Jack ist sich darüber im Klaren, dass sein Unterbewusstsein sein bester Freund im Hintergrund ist, der ihm helfen kann, ein glückliches, erfülltes und selbstbestimmtes Leben zu führen. Daher ist er sich seiner hinderlichen Glaubenssätze bewusst und sorgt dafür, neue Glaubenssätze und Überzeugungen zu verinnerlichen, die ihn darin unterstützen, das Leben seiner Träume zu leben.

Jack ist schlau.

Sei wie Jack :-)

4. Die Kraft der positiven Fokussierung

Ist dein Glas halb voll, oder halb leer?

Wer kennt sie nicht, die realitätsfremden, hoffnungsvollen Optimisten, die sich das Leben schönreden und scheinbar nicht ehrlich zu sich und der Welt sind. Deren Glas immer halb voll ist und die allem etwas Positives abgewinnen können. Aber reden sich diese Menschen das Leben wirklich nur schön, oder haben sie vielleicht einfach nur einen anderen Fokus, einen anderen Blickwinkel auf die Ereignisse in ihrem Leben?

Mein Ponyfreund Billy hat mir einmal eine Geschichte erzählt, die eben das ganz gut veranschaulicht:

Die Zwillinge Daniel und Stefan gehen gemeinsam mit ihren Eltern in einen Freizeitpark. Beide Jungs erleben genau dasselbe, so würden es zumindest die meisten sehen. Die Buben gehen gemeinsam in den Erlebnispark, essen gemeinsam einen Maiskolben, fahren diverse Fahrgeschäfte, sehen dieselben Leute. Am Abend geht die Familie wieder nachhause, wo der Opa schon auf die Zwillingsjungs wartet und sie über den heutigen Tag ausfragt. Das Komische, die Erzählung der beiden fällt sehr unterschiedlich aus. Daniel erzählt von dem teuren Eintritt und der langen Wartezeit, von dem trockenen Maiskolben und von den unzähligen Menschen, die ihm auf die Nerven gegangen sind. Stefan hingegen erzählt von dem schönsten Tag in seinem Leben. Von den außergewöhnlichen Fahrgeschäften, von dem Nervenkitzel, den er am ganzen Körper gespürt hat. Davon, wie unfassbar es ist, dass es solch einen Vergnügungspark gibt und wie dankbar er ist, dass sich Menschen die Mühe machen, etwas in dieser Art möglich zu machen.

Wenn wir davon ausgehen, dass die Zwillinge ähnliche biologische Anlagen haben und vermeintlich genau das Gleiche erlebt haben, wie kann es dann möglich sein, dass sie eine komplett unterschiedliche Wahrnehmung haben?
Die Antwort ist ganz simpel. Es ist die Fokussierung bzw. der Blickwinkel, den die beiden auf die Welt haben. Daniel richtet seinen Blick auf die Dinge, die nicht optimal laufen und

macht sich dadurch schlechte Gefühle. Stefan jedoch richtet seinen Blick auf die schönen Dinge, auf all das, was bereits schön ist.

Stell dir einmal selbst die Frage, worauf richtest du überwiegend deinen Fokus? Schaust du darauf, was schon gut und einzigartig in deinem Leben ist, oder erinnerst du dich immer wieder daran, was du im Moment noch nicht hast?
Machst du dir den Mangel bewusst, oder die Fülle, die dich jeden Tag umgibt?

Der antrainierte Fokus auf das Negative

Ich habe in meinem Leben bisher die Beobachtung gemacht, dass die Mehrheit der Menschen häufiger an negative als an positive Ereignisse denkt und auch deutlich öfters über diese spricht. Oftmals neigen wir Menschen dazu, negativen Gedanken viel zu viel Aufmerksamkeit zu schenken. Erlebnisse, die für uns sehr aufwühlend oder peinlich waren, gehen wir immer wieder und wieder gedanklich durch und überlegen uns, was wir denn anderes hätten sagen oder tun können. Häufig stellen wir uns auch vor, was in der Zukunft alles schlecht laufen könnte.

Aber warum ist es so, dass wir uns eher mit negativen Gedanken und Ereignissen beschäftigen und uns auch eher an diese erinnern? Stimmt etwas nicht mit uns? Wollen wir leiden? Es gibt eine ganze Reihe einfacher Erklärungen für diesen Sachverhalt und die logische Antwort auf diese Fragen heißt antrainiertes Verhalten, biologische Veranlagung und vor allem Übung, Übung, Übung.

Unsere Gehirne sind evolutionär bedingt so programmiert, dass wir aus negativen Erlebnissen in der Regel mehr lernen, als aus Positiven. Diese Gegebenheit war unseren Vorfahren sehr dienlich, da sie dadurch Bedrohungen erkennen konnten und Gefahren meiden konnten. In der heutigen Zeit ist dies jedoch nicht mehr von derart entscheidender Bedeutung. Daher wirkt diese Veranlagung in der heutigen Zeit eher hinderlich, da wir es mit deutlich weniger Bedrohungen zu tun haben als beispielsweise noch in der Steinzeit. Ein anderer und für mich viel entscheidender Punkt ist das antrainierte Verhalten, der antrainierte Fokus auf das Negative.

Erinnere dich einmal an deine Kindheit zurück. Wann hast du die meiste Aufmerksamkeit bekommen? In meinem Fall kann ich dir diese Frage ganz leicht beantworten. Als ich krank war, gestürzt bin, mich verletzt habe, ich eine schlechte Schulnote mit nachhause gebracht habe, oder es mir einfach schlecht ging. Vielleicht ging es dir da ähnlich. Die meisten von uns haben in der Kindheit, wie ich auch, erfahren, dass negativen Ereignissen mehr Beachtung geschenkt wurde als Positiven. In meinem Fall wurde noch Tage, manchmal sogar Wochen danach über diese Dinge gesprochen. Wenn wir unseren Fokus im Alltag jedoch zu sehr auf die negativen Ereignisse legen, sinkt nicht nur unser Wohlbefinden, der Stresspegel steigt zudem noch an und die allgemeine Zufriedenheit leidet darunter sehr.

Als ich dann aufgewachsen bin und in der Schule war, lag der Fokus häufig auch auf den vermeintlichen Fehlern, die ich gemacht habe und als ich später den Fernseher eingeschaltet habe und vielleicht einmal an den Nachrichten hängen geblieben bin, war er wieder da, der Fokus auf die Dinge, die schlecht sind in dieser Welt. Es scheint in unserer Gesellschaft so zu sein, dass das Interesse der Menschen am Negativen oftmals größer ist als am Positiven. Wie oft hast du selbst beispielsweise schon dein Leid geklagt, um Mitleid zu erhaschen? Dieses Verhalten ist also über Jahre, in manchen Fällen gar über Jahrzehnte hinweg antrainiert worden.

Und nun kommt endlich die gute Nachricht. Verhalten können wir bewusst ändern und ich werde dir im Folgenden einige Möglichkeiten und Techniken zeigen, wie du dies tun kannst und wie du gerade in Bezug auf deine negative Fokussierung Änderungen vornehmen kannst, sodass deine Lebensqualität von Tag zu Tag gesteigert wird.

Eine gute Möglichkeit zu Beginn wäre Folgende:

Werde dir deiner negativen Programmierungen bewusst und spiel einfach nicht mehr mit. Bemühe dich Tag für Tag, Stunde für Stunde, Minuten für Minute, Sekunde für Sekunde deinen Fokus und deine Energie auf das Positive zu richten. Und wie kannst du dies jetzt konkret tun?

Achte auf deinen Blickwinkel und darauf, welche Bedeutung du den Dingen gibst. Wenn du überwiegend auf das Negative schaust und häufig in Situationen den Fehler suchst, dann verändere deinen Fokus. Nutze hierfür gezielte Fragen, die dir helfen, deinen Blickwinkel zu verändern, hierzu im Folgenden mehr. Erinnere dich, der erste Schritt ist die Bewusstheit, darauf folgt der Wille, etwas zu verändern und dann die Umsetzung. Wähle mit Hilfe von gezielten Fragen bewusst deinen Blickwinkel und richte deinen Fokus auf das Positive.

Durchbreche den Fokus auf das Negative

Ein Hauptproblem in unserer Gesellschaft ist, meiner Meinung nach, dass viele Menschen ihren Fokus auf das richten, was ihnen fehlt bzw. was sie stört. Sie konzentrieren sich auf das, was sie nicht wollen, anstatt auf das, was sie wollen. Nahezu ein jeder von uns kann sagen, was ihn stört, aber kaum einer weiß, was er in seinem Leben wirklich möchte. Dadurch gelangen Menschen in eine Art Teufelskreis, da der Hauptteil ihrer Gedanken auf das Negative fokussiert sind und sie dadurch immer mehr Negatives in ihr Erfahrungsfeld und in ihr Leben ziehen. Wenn wir dies in Verbindung mit dem Gesetz der Anziehung bringen, könnte man sagen, diese Menschen schwingen nicht auf der Frequenz von ihrem Ziel, sondern, bedingt durch die Mangelgedanken, auf der genau entgegengesetzten Frequenz und dadurch fühlen sich manche Menschen schlecht. Im weiteren Verlauf dieses Buches erfährst du mehr zum Gesetz der Anziehung.

In diesem Zusammenhang gibt es zwei sehr gute Fragen, über die du gerne in Ruhe nachdenken kannst und die du für dich in aller Aufrichtigkeit beantworten darfst:

• Hat es dir jemals geholfen, öfters über ein Problem zu sprechen?
• Hast du dich danach besser gefühlt als davor?

Ich meine hier nicht über die Lösung eines Problems nachzudenken und zu reden. Nein, über das Problem selbst. Ging es dir jemals besser, wenn du häufig über negative Dinge gesprochen hast?

Nein? Warum tust du es dann immer wieder?

Ich habe natürlich auch die Erfahrung gemacht, dass es durchaus befreiend sein kann, sich einfach mal so richtig auszukotzen und über seine Probleme zu sprechen, aber das reicht dann auch einmal und nicht immer und immer wieder. Für unsere Lebensqualität ist es entscheidend, wie wir mit aufkommenden negativen Gedanken umgehen. Die optimale

Lösung wäre den negativen Gedanken einfach nicht zu viel Aufmerksamkeit zu schenken. Das heißt, nicht so häufig über sie nachzudenken und vor allem auch nicht andauernd über sie zu sprechen. Einige weise Männer und Frauen raten uns einfach, weniger zu denken, denn wie so oft ist auch hier weniger mehr.

Wie ich bereits erwähnt habe, ist das negative Denken eine antrainierte Gewohnheit, nicht mehr und nicht weniger.

Und das Gute ist, dass es einige Techniken gibt, die uns helfen, die negative Denkschleife ins Positive zu transformieren.

Eine dieser speziellen Techniken möchte ich dir hier nun vorstellen.

Stell dir vor, es kommt mal wieder ein negativer Gedanke angeschlichen und setzt sich in deinem Oberstübchen fest. Gehe nun folgendermaßen vor:

Wenn ein negativer Gedanke kommt, nimm diesen wahr und schaffe ein Bewusstsein für das, was gerade passiert. Versuche dich hier nicht zu sehr hineinzusteigern und nimm den Gedanken einfach nur wahr. Der nächste Schritt besteht darin, diesen Gedanken ins Positive zu drehen und hier hilft uns eine wunderbare Frage. Frag dich einfach „Was wünsche ich mir stattdessen?". Dadurch werden deine Gedanken in Richtung Wunsch und Positivität gelenkt. Ich verdeutliche diese Technik einmal ganz konkret anhand eines Beispiels.

Ein Gefühl, dass viele Singles vielleicht kennen werden. Sie kommen von der Arbeit nachhause und fühlen sich einsam. Und genau an dieser Stelle setzt nun die Technik an. Werde dir bewusst, was du gerade tust und rufe dir eben nicht rund um die Uhr deine Einsamkeit ins Bewusstsein. Gehe hier einen Schritt weiter.

Welcher Wunsch wächst dadurch in dir?

Vielleicht der Wunsch nach einer traumhaften Partnerschaft mit einem Menschen, der dir ähnlich ist und dich versteht. Und jetzt denke lieber diesen Gedanken und tue dies bitte nicht mit dem Gefühl von Mangel, also im Sinne von „Aber so jemanden finde ich doch nie.", sondern mit dem Gefühl von, wie schön es sein wird, wenn dies eintreten wird. Suche dir gezielt Gedanken aus, die sich besser anfühlen.

Noch einmal, das mehrfache Grübeln über Probleme hat noch nie zu einer Lösung und guten Gefühlen geführt. Nur das Nachdenken über die Lösungen und die Wunschzustände bringt uns weiter. Negatives Denken schadet uns nur.

Daher:

Wenn du das nächste Mal in der Dunkelheit läufst und es immer dunkler zu werden scheint, mache einfach das Licht an.

Mit einiger Übung kannst du der Schleife der negativen Gedanken entkommen und du wirst sehen, wie sich dein Leben zum Besseren verändern wird.
Ziehe einfach einen bestimmten Gedanken einem anderen Gedanken vor. Das ist genauso einfach, wie es klingt.

Die Qualität deiner Fragen bestimmt die Qualität deines Lebens

Hast du dich jemals gefragt, was der Unterschied zwischen einem Optimisten und einem Pessimisten ist? Aus welchem Grund haben manche Menschen eine positive Einstellung in Bezug auf das Leben und warum suchen manche Menschen in jeder Situation gezielt nach Umständen, die gegen sie sind?

Es gibt zwischen diesen Arten von Menschen einige Hauptunterschiede. Auf einen sehr entscheidenden Punkt möchte ich hier zu sprechen kommen.
Es ist die Art der Fragen, die sich diese Menschen stellen.

Meine These, in Anlehnung an Tony Robbins, hierzu lautet wie folgt:

Die Qualität deiner Fragen bestimmt die Qualität deines Lebens.

Denken wir uns einmal in folgende Situation hinein. Es gibt im Leben von nahezu allen Menschen Tage, an denen sie aufwachen und sich nicht zu hundert Prozent glücklich und zufrieden fühlen. Ich brauche an dieser Stelle nichts beschönigen. Solche Tage gibt es und wird es wahrscheinlich immer wieder geben. Menschen mit einer Neigung zum Pessimismus würden sich nun direkt nach dem Aufstehen fragen, und dies geschieht meist unterbewusst, was in ihrem Leben schlecht läuft, welche Gründe es gibt, sich schlecht zu fühlen und warum gerade sie immer so viel Pech haben.

Diese Art von Fragen bringen sie jedoch nicht weiter. Ganz im Gegenteil, dies führt zu einer sogenannten Abwärtsspirale. Du wachst auf, fühlst dich unglücklich und etwas komisch, stellst dir hinderliche Fragen und fühlst dich immer noch schlechter und noch schlechter. Du stellst dir dann weiter diese Art von Fragen und fertig ist der Pessimist, der immer wieder Gründe sucht und dementsprechend auch welche findet, um sich schlecht zu fühlen. Es entsteht ein Mensch, der sich selbst in der Opferrolle, in der er sich ohnmächtig fühlt, sein Leben selbst zu gestalten, gefangen hält.

Und nun schauen wir uns einmal einen Menschen mit einer positiveren Denkstruktur an. Dieser Mensch wacht auf und fühlt sich an diesem Tag irgendwie auch nicht besonders glücklich und zufrieden. Bisher ist alles noch gleich wie bei unserem Pessimisten, doch nun kommt der entscheidende Unterschied. Diese Person stellt sich andere Fragen und richtet ihren Fokus dadurch gezielt auf positive Dinge. Diese Person könnte sich die Frage stellen, was in ihrem Leben denn schon wirklich schön ist, für was sie dankbar sein kann und wenn es gerade eine Herausforderung gibt, wie diese bewältigt werden kann und welche Wachstumsmöglichkeit dadurch entsteht.

Der Blickwinkel, den wir auf das Leben haben, die Entscheidung in Bezug auf die Frage, ob diese Welt ein freundlicher oder feindlicher Ort für uns ist, hängt sehr eng mit der Art und Weise unserer innerlichen Fragen zusammen, die wir uns im Laufe eines Tages stellen. Wenn wir es schaffen, bewusster und nicht nur auf Autopilot zu leben, können wir unsere Fragen an uns selbst und an die Welt gezielt steuern und dadurch unsere Lebensfreude erheblich steigern. Der Ponyhoffaktor hierbei ist, dass du deine Fragen gezielt auswählst, sodass sie dich besser werden lassen und dich in eine Aufwärtsspirale führen und nicht in eine Abwärtsspirale.

Hier findest du einige Fragen, die du dir immer wieder stellen könntest, um deinen Blickwinkel gezielt zum Positiven zu verschieben:

- Wofür bin ich dankbar?
- Was läuft in meinem Leben derzeit richtig gut?
- Worauf bin ich stolz?
- Was habe ich schon alles geleistet?
- Wem bedeute ich etwas?
- Was ist heute Schönes passiert?

Was du nach einem negativen Ereignis tun kannst

Wie du bis zu diesem Zeitpunkt vielleicht schon festgestellt hast, bin ich der festen Überzeugung, dass nicht jeder Mensch die gleiche Realität erlebt und man nicht pauschal sagen kann, dass ein Ereignis gut oder schlecht ist. Es kommt immer auf die Bedeutung an, die wir den Dingen geben und dadurch ordnen wir selbst ein Ereignis für uns als negativ oder positiv ein. Was für die eine Person positiv ist, kann von einer anderen Person als negativ bewertet werden. Wenn es dann einmal aufkommt, dass du dich schlecht fühlst, weil du dich entschieden hast, ein Ereignis als negativ zu bewerten, können dir gezielte Fragen helfen, schrittweise die negative Gedankenschleife zu unterbrechen und deinen Blick in Richtung Positivität zu verändern.

Wenn du beispielsweise ein Ereignis erlebst, wodurch du dir schlechte Gefühle machst, kann dich eine Abfolge von gezielten Fragen aus dem negativen Zustand hin zu einen positiveren führen. Folgende Fragen könntest du dir nacheinander stellen, wenn dich ein unerwartetes Ereignis aus der Bahn wirft und du dich dadurch schlecht fühlst:

• Was ist das Gute daran?
• Was lerne ich daraus?
• Inwiefern bringt mich dieser Sachverhalt weiter?
• Was will mir das Universum damit sagen?

Stell dir diese Fragen immer wieder und versuche sie gewissenhaft zu beantworten. Du wirst sehen, dass du so, mit etwas Übung, der negativen Gedankenschleife entkommen kannst und du dadurch Schritt für Schritt, Frage für Frage, bessere Gefühle bekommst.

Weitere gute Fragen

Im Folgenden findest du vier Fragen, die du dir immer wieder ganz in Ruhe stellen könntest. Nimm dir einfach einmal eine Stunde Zeit für dich, schnappe dir einen Block und beantworte diese Fragen:

• Was erfüllt mich mit Freude und Glück?
• Wann empfinde ich Freiheit und Selbstbestimmung?
• Wie möchte ich wachsen und mich weiterentwickeln?
• Wie soll mein Leben in 10 Jahren aussehen?

Für mich sind das vier herausragende Fragen, die sich jeder Mensch immer wieder bewusst stellen und ganz ehrlich beantworten darf. Die Auseinandersetzung mit dieser Art von Fragen halte ich für sehr wichtig, da dies für die Steigerung deiner Lebensqualität von großer Bedeutung sein kann. Wenn du beispielsweise für dich geklärt hast, wann du Freude empfindest, kannst du dich jeden Tag gezielt in Situationen begeben, in denen dies der Fall ist. Es ist ganz normal, dass sich im Laufe der Zeit einige Dinge ändern können und du auf andere Antworten kommst.

Fokussierung verändern - Das Best-Case Szenario planen

„Gehe vom Schlimmsten aus, dann kannst du schon nicht enttäuscht werden."
Hast du diesen Satz auch schon mal gehört?
Ich schon und ich habe mich früher auch an diesen Satz gehalten.
Heute sage ich, was für eine schlechte und falsche Einstellung. Im Klartext wurde ich angeleitet, mir stets das Worst-Case-Szenario auszumalen, und dieses gedanklich vorweg zu nehmen. Und das natürlich nicht immer bei vollem Bewusstsein, aber unser Unterbewusstsein tut seinen nötigen Teil. Meine Fokussierung war überwiegend auf mögliche negative Ereignisse gerichtet, die im Laufe eines Tages geschehen könnten. So habe ich oft für eine Begegnung oder auch ein kommendes Ereignis bereits im Vorfeld das Worst-Case-Szenario geplant. Zum Beispiel ein kommendes Gespräch, das ich gedanklich durchgespielt habe und hierbei überlegt habe, was mein Gegenüber denn Negatives sagen könnte, und

so bin ich oft misstrauisch und mit einer negativen Grundhaltung in ein solches Gespräch gegangen. Mein Gegenüber hat mir sogar ab und an den Gefallen getan, in ähnlicher Weise zu reagieren, wie ich es bereits geplant hatte.

Frag dich einmal selbst, wie oft hast du dir für eine Begegnung oder ein Ereignis bereits im Vorfeld das Worst-Case-Szenario ausgemalt?
 Drehen wir den Spieß an dieser Stelle doch einmal um. Wie wäre es, wenn du einmal den „Best-Case" planen würdest?
Am Beispiel unseres Gesprächs, plane im Vorfeld, was denn alles super laufen könnte und wie ein solches Gespräch mit Leichtigkeit und mit positivem Ausgang ablaufen wird. Meine These, die auf Erfahrungswerten beruht, ist hierbei, dass du im Falle der „Best-Case-Planung" genau dieses in deine Erfahrungswelt ziehen wirst. Durchbreche bewusst das Muster der Worst-Case-Planung und male dir die Situation ab jetzt immer öfter perfekt und positiv aus. Es ist nun mal so, dass unser Unterbewusstsein, unser bester Freund im Hintergrund, immer aktiv ist. Wenn wir andauernd die Worst-Cases durchplanen, nimmt es unser Unterbewusstsein als real wahr, da es nicht zwischen erlebter und erdachter Realität unterscheiden kann. Lass uns daher lieber mehr Best-Case-Szenarien planen.

Zwänge und was wir wirklich tun müssen

Unzählige Menschen auf unserem wunderschönen Planeten machen sich selbst unglücklich, weil sie sich in ihrer Entscheidungsfreiheit eingeschränkt fühlen und das Gefühl haben, nicht selbstbestimmt leben zu können. Sei es in beruflichen Situationen oder in zwischenmenschlichen Beziehungen. Sobald sich ein Mensch in seiner Entscheidungsfreiheit eingeschränkt fühlt und den damit verbundenen Machtverlust wahrnimmt, fühlt er sich schlecht. Das Wörtchen „MUSS" ist hier der Schlüssel. Weil viele Menschen glauben, sie müssen Dinge tun, fühlen sie sich unterschwellig in ihrer Entscheidungsfreiheit gehemmt und hierdurch entstehen dann schlechte Gefühle. Ein wichtiger Schritt ist es, sich klar zu machen, dass „müssen" im Grunde völliger Unsinn ist, denn:
Du musst gar nichts!
Hier kommt dann häufig der Zusatz „außer sterben", aber diesen spare ich mir an dieser Stelle bewusst.

Wenn ich Menschen erkläre, dass sie in jedem Moment ihres Lebens die volle Entscheidungsfreiheit haben und nichts tun müssen, höre ich öfters Sätze dieser Art: „Aber ich muss doch arbeiten, um Geld zu verdienen, ansonsten kann ich mir meine Wohnung nicht leisten und mir nichts zu essen kaufen, wodurch ich dann unter der Brücke leben müsste und dann nach einigen Tagen nichts mehr zu essen hätte und was dann passieren würde, ist ja absolut klar." Oder: „Ich muss doch mit meinem Mann zusammenbleiben, auch wenn er mich schlecht behandelt. Wir haben doch schließlich gemeinsame Kinder und das Haus ist auch noch nicht abbezahlt."

Viele Menschen bauen sich solche Kausalketten, um irgendeine Form des Müssens zu legitimieren, als hätten sie keine freie Entscheidung, was die Dinge in ihrem Leben anbelangt. Fakt aber ist, du musst nichts tun, was du nicht tun willst und du hast in jeder Sekunde deines Lebens die Macht, eigene Entscheidungen zu treffen. Auch arbeiten oder eine schlechte Beziehung führen, müsstest du nicht, wenn es dir schlechte Gefühle bereitet. An dieser Stelle sei erwähnt, dass es einen wichtigsten Menschen in deinem Leben gibt und jeder von uns darf, meiner Meinung nach, dafür Sorge tragen, dass es diesem Menschen gut geht und dieser Mensch ein schönes und selbstbestimmtes Leben führt. Und dieser Mensch bist du selbst. Ich bin mir mittlerweile über eine Sache absolut klar. Ich möchte mich möglichst jede Sekunde in meinem Leben gut fühlen und mein Möglichstes dafür aufbringen. Ich vermute, es geht vielen Menschen ähnlich und daher verbanne ich Schritt für Schritt alle „Müssen" aus meinem Leben. Denn ich muss nichts tun, was sich für mich nicht richtig anfühlt. Es gibt immer andere, besser Möglichkeiten. Niemand muss sich schlecht fühlen.

Billys Ponytipps:

Liebster Leser,

richte Deinen Fokus immer wieder auf die positiven Dinge in Deinem Leben, die bereits vorhanden sind. Esther und Jerry Hicks benennen dies in ihren Büchern so, dass jede Sache immer zwei Seiten hat, eine erwünschte und eine unerwünschte. Wenn Du Deinen Blick immer auf die unerwünschte, negative Seite richtest, wirst Du Dich niemals gut fühlen. Wenn Du jedoch versuchst, bewusst in den Dingen das Positive zu sehen, wird Dein Gehirn dieses Muster automatisieren und es wird Dir immer besser und besser gehen. Es geht hier nicht darum, die Dinge schön zu reden. Im Leben wird es immer wieder Ereignisse geben, die nicht erfreulich sind und das ist auch absolut ok so. Der Unterschied zwischen einer Person in der Opferrolle und einem Menschen, der Verantwortung für sein Leben übernommen hat, besteht darin, wie viel Aufmerksamkeit dieser Mensch den unerfreulichen Dingen schenkt. Im Grunde können 99 von 100 Dingen in Deinem Leben negativ sein, sobald Du Deinen Fokus auf die eine positive Sache richtest, wirst Du Dich glücklicher fühlen und es werden mehr positive Dinge in Dein Erfahrungsfeld gezogen. Und dies funktioniert auch genau umgekehrt. 99 Dinge in Deinem Leben können schon super sein, sobald Du Dich nur auf das Schlechte, das Unerwünschte konzentrierst, wird das Leben nicht schön für Dich sein. Stell dir daher bewusst gezielte Fragen, um deinen Fokus auf die positiven Dinge zu richten.

Frag dich auch, in welchen Bereichen in Deinem Leben es Dinge gibt, die Du Deiner Meinung nach tun musst, welche Dir schlechte Gefühle bereiten.

Mach Dir jetzt an dieser Stelle klar, dass Du sie nicht tun musst. Übernimm Eigenverantwortung, sofern Du das nicht schon getan hast und mach Dich nicht zum Spielball von äußeren Umständen. Wenn Dich irgendwelche „Müssen" in Deiner Selbstbestimmung einschränken, dann löse sie auf.

Ergänzung: Ich rate hier nicht jedem seinen Beruf an den Nagel zu hängen, nur, weil er oder sie mal einen schlechten Tag hat, aber, wenn Du jeden Tag mit Bauchschmerzen oder einem anderen schlechten Gefühl in die Arbeit gehst, ist dies auf jeden Fall einmal der Punkt, um etwas zu hinterfragen.

Ach, und noch was ...

Wenn Du Dein Leben als Ponyhof wahrnehmen möchtest,

* *achtest Du auf Deine Fokussierung und darauf, welche Bedeutung Du den Ereignissen gibst. Du entscheidest Dich bewusst dafür, positiv zu bewerten und nach schönen Dingen Ausschau zu halten.*

* *weißt Du, dass es in Bezug auf das Thema Lebensfreude entscheidend ist, wie Du mit aufkommenden negativen Gedanken umgehst. Daher nutzt Du bewusst Techniken, um Deinen „Muskel der positiven Fokussierung" zu trainieren und die negative Gedankenschleife nicht zuzulassen, indem Du:*

1. Die negativen Gedanken „umdrehst". Vom Mangel zum Wunsch. Eine gute Frage hierfür ist die Frage: Was will Ich?

2. Gezielte Fragen nutzt, die Dir helfen, Deinen Blickwinkel zu verändern.

* *durchbrichst Du das Muster der Worst-Case-Planung und malst Dir Situationen in Deinem Leben im Vorfeld immer wieder perfekt und positiv aus.*

* *denkst Du bessere Gedanken, die in Harmonie mit Deinem Traumleben stehen.*

Ich glaub, das war dann alles. Ich wünsch Dir einen positiven Blick auf die Welt und nur das Beste.

Liebste Grüße
Dein Billy

Das ist Billy

Billy weiß, dass seine Lebensfreude eng mit seiner Fokussierung zusammenhängt. Daher stellt er sich bewusst immer wieder Fragen, die ihm vor Augen führen, was in seinem Leben und in der Welt alles schön und einzigartig ist. Er hat sich dafür entschieden, in jeder Situation auf das Positive zu achten und gute Gedanken zu denken. Billy trainiert dadurch seinen „Fokussierungsmuskel".

Billy ist schlau.

Sei wie Billy :-)

5. Die unbändige Kraft von Zielen

*„Beurteile einen Tag nicht danach, welche Ernte du am Abend eingefahren hast.
Sondern danach, welche Samen du gesät hast."*

Robert Louis Stevenson

In der Einleitung habe ich ja schon angedeutet, dass es eine Zeit in meinem Leben gab, in der ich keine Ziele hatte und einfach so vor mich hin lebte. Das hat auch funktioniert, nur super schön war diese Zeit rückblickend nicht für mich. Als ich dann neue Ziele für mich auserkoren habe, fing für mich ein neues Leben an.

Doch, warum sind Ziele so wichtig?

Wenn du auf die Frage „Was sind deine Ziele im Leben?" keine richtige Antwort finden kannst und du dich bei dem Wort „Ziele" ein wenig ungut und unter Druck gesetzt fühlst, dann geht es dir ähnlich, wie vielen Menschen auf dieser Welt. Eine Herausforderung, die ich in unserer Gesellschaft wahrnehmen kann, ist, dass viele Menschen keine richtigen Ziele mehr haben und auch keine genaue Vorstellung davon, wie ihr Leben perfekt wäre. Die meisten haben an irgendeinem Punkt damit aufgehört, sich Ziele zu setzen und sich auch ein Stück weit das Träumen selbst verboten und wie gesagt, an dieser Stelle war ich auch vor einiger Zeit.

Dabei ist es so einfach: Ziele kannst du nur erreichen, wenn du überhaupt welche hast. Wie soll ein Mensch denn irgendwo ankommen, wenn er nicht weiß, wohin er gehen möchte?

Für mich steht mittlerweile außer Frage, dass es immens wichtig ist, sich Ziele zu setzen. Im Leben kann man nur weiterkommen, wenn man nach etwas strebt. Menschen, die keine Ziele haben, kommen nicht voran und stehen still in einer Welt, die sich ständig wandelt. So habe ich es zumindest in meinem Leben erlebt. Daher ist es von entscheidender Bedeutung, dass du dir Ziele setzt, die du gerne erreichen möchtest. Und hier sei erwähnt, dass es wichtig ist, herauszufinden, was du möchtest und nicht, was jemand anderes oder die Gesellschaft möchte.

Wenn du mit ausnahmslos jedem Lebensbereich zu einhundert Prozent zufrieden sein solltest und alles perfekt ist, dann ist es meiner Ansicht nach nicht nötig, dass du dir Ziele setzt. Sofern dies aber nicht der Fall sein sollte, sind bewusst gesetzte Ziele ein Schlüssel, um ein besseres Leben zu führen.

Ein Ziel, welches du für erstrebenswert hältst und welches dir beim bloßen Gedanken daran positive Gefühle vermittelt, lässt dich deine Fokussierung verändern. Im Optimalfall richtest du dein ganzes Sein auf dessen Erreichung aus und gehst dann automatisch Schritt für Schritt darauf zu, dein Unterbewusstsein trägt hier auch seinen Teil dazu bei. Daher ist es so entscheidend zu wissen, was man möchte.

Neben der Herausforderung der Ziellosigkeit gibt es eine weitere und die besteht darin, dass Ziele bei einigen Menschen zu Konflikten mit sich selbst führen können. Es gibt vereinzelt Individuen, die sich bewusst Ziele setzen und diese auch erreichen wollen, jedoch sind sie zu streng mit sich selbst, wenn dies nicht auf Anhieb funktioniert. Sie fangen dann oftmals damit an, an sich zu zweifeln und fühlen sich dadurch schlecht. Daher ist es meiner Meinung nach wichtig, gerade große Ziele nicht exakt zu terminieren und freundlich mit sich selbst umzugehen, wenn das Erreichen manchmal etwas länger dauert oder nicht auf Anhieb gelingt. Darauf werde ich im Folgenden noch etwas genauer eingehen.

Warum verfolgen Menschen überhaupt Ziele?

Sehr verallgemeinert lässt sich sagen, dass im Grunde jede Aktion eines Menschen dazu dient, entweder Lust zu gewinnen oder Schmerz zu vermeiden. Und so wird mit jedem Ziel die Hoffnung verbunden, dass wir uns nach dessen Erreichung besser fühlen als davor.

Noch vereinfacher könnte man sagen:
Alles, was du im Lebens tust, tust du, weil du dich gut fühlen möchtest.

Daher ist das übergeordnete Ziel eines jeden Menschen die Steigerung des eigenen Wohlbefindens. Wir gehen Partnerschaften ein, gehen einem Beruf nach, führen Hobbys aus, damit wir uns dadurch besser bzw. glücklicher fühlen als davor. Wenn man einmal betrachtet, welche Faktoren die meisten Menschen in ihrem Leben verstärkt haben wollen, kommt man auf folgende Faktoren, die wir Menschen anstreben, wenn wir Ziele verfolgen:

- persönliches Wachstum
- leben in erfüllenden Beziehungen (Liebe und Zuneigung)
- einen sinnvollen Beitrag zur Gesellschaft leisten
- gesund sein und bleiben
- in Wohlstand leben
- Ruhm, Ehre, Macht und Einfluss erlangen
- attraktiv sein
- Wertschätzung und Anerkennung erfahren
- unabhängig und frei sein
- Schutz und Sicherheit erfahren

Der Wunsch, diese Faktoren zu vergrößern, bedingt einen inneren Antrieb, der dafür sorgt, dass wir uns Ziele setzen und danach streben, diese zu erreichen, so zumindest bei Menschen, die dies aktiv tun.

Wie wohlgeformt muss ein Ziel sein?

Du wirst von mir an dieser Stelle nicht, wie in unzähligen Büchern, Vorträgen und Ratgebern, hören, dass du deine Ziele SMART machen sollst, da dieses Konzept für mich einschränkend, frustrierend und in gewisser Weise eben nicht zielführend wirken kann.
Wenn man ein Ziel SMART, also spezifisch, messbar, attraktiv, realistisch und terminiert formuliert, gilt es als wohlgeformt und demnach besser erreichbar, so zumindest die Theorie, wie ich sie verstehe.
Schön finde ich, dass ich nicht mit jeder Theorie konform sein muss.
Was mich persönlich an diesem Konzept stört, sind die Bereiche „realistisch" und „terminiert", denn wie eingangs erwähnt, können diese Faktoren für mich ein Hindernis darstellen.
Wer entscheidet denn, was realistisch und unrealistisch ist? Was bedeutet denn realistisch überhaupt? Wer sagt mir, was für mich realistisch ist? Wenn ich beispielsweise im Angestelltenverhältnis arbeite und es mein Ziel ist, mehr Geld zu verdienen, dann soll ich realistisch bleiben und nicht zu viel erwarten? So ein Quatsch. Diese Ebene beraubt den meisten

Zielen ihre Anziehungskraft und genau darum geht es bei Zielen. Sie sollen anziehend auf uns wirken und uns gute Gefühle geben, wenn wir jeden Tag an sie denken.

Ziele sollen auch exakt terminiert sein. Das heißt, du sollst im Vorfeld genau bestimmen, bis wann du deine Ziele erreicht hast. Ich verstehe, dass dies Verbindlichkeit schaffen soll, aber nach meiner Erfahrung erhöht das auch immens den Druck und damit können einige Menschen nur bedingt umgehen und daher wirkt dies eher hinderlich. Ich habe in meinem Freundeskreis viele Frauen, die Anfang dreißig sind und sich regelrecht selbst schlecht machen, weil sie noch kein Eigenheim und keine Kinder haben, dabei war das doch ihr Ziel. Für sie ist der zeitliche Aspekt nicht sehr hilfreich.

Es gibt Ziele, die kann man schnell erreichen und so gibt es Dinge im Leben, die einfach ihre Zeit benötigen, um richtig gut zu werden.

Mach dir das Leben selbst nicht zu schwer, indem du dir eine Deadline setzt. Sehr viele Menschen überschätzen, was in einem Jahr erreicht werden kann, unterschätzen jedoch bei Weitem, was in 5 bis 10 Jahren erreicht werden kann.

Ich bin sehr dafür, genau zu wissen, was man will und klare Ziele zu haben. Sie so detailliert wie möglich zu planen, sie mit allen Sinnen im Vorfeld gedanklich durchzugehen und diese jeden Abend vor dem Schlafengehen in allen Details zu visualisieren, aber geben wir uns alle bitte keine Deadline dafür. Und was realistisch ist und was nicht, weiß im Grunde keiner von uns. Alles, was du dir vorstellen kannst, kannst du auch erreichen. Wenn es dein Ziel ist als Angestellter 30.000 Euro im Monat zu verdienen, dann lass dir bitte von niemandem einreden, dies sei nicht realistisch.

Leere Ziele

Oft haben wir Menschen Ziele und Träume, die wir von anderen übernommen haben und die einen gewissen Druck auf uns ausüben. Häufig ist es zudem noch so, dass wir uns schlecht fühlen, wenn wir diese Ziele noch nicht erreicht haben. Ein Klassiker hierfür wäre, wie bereits erwähnt, der Besitz des Eigenheims bis zu einem gewissen Alter, oder bei Männern der sagenumwobene Porsche mit 30 Jahren und bei Frauen das erste Kind bevor sie 30 sind.

Ich denke, es ist eine gute Idee, seine eigenen Ziele von Zeit zu Zeit zu hinterfragen.

• Warum sind sie dir so wichtig?
• Was verbindest du mit deinen Zielen?

Wenn es dein Ziel ist, ein Eigenheim zu besitzen und mit 30 Jahren einen Porsche zu fahren, dann geh zunächst erst einmal in dich und überprüfe, ob dies auch wirklich deine Wünsche sind, oder ob du sie von irgendjemandem übernommen hast. Was erhoffst du dir durch den Besitz des Eigenheims oder des Porsches?
Deine Aufgabe besteht darin, herauszufinden und zu erkennen, was du dir wünschst und was dich erfüllt und dies, weil du es selbst willst und nicht, weil jemand anderes es so will oder dir die Gesellschaft sagt, dies sei erstrebenswert.

Also ganz konkret, warum willst du in einem Eigenheim leben? Was ist für dich möglich, wenn du dieses Ziel erreicht hast? Welche Gefühle verbindest du mit dem Erreichen dieses Ziels? Was ist danach anders/besser als davor?
Wir haben, wie gesagt, oft übernommene, leere Ziele, die gar nicht unserem Naturell entsprechen und uns dementsprechend auch nicht das erhoffte Glück bringen, wenn wir sie erreichen.
Hinterfrage daher deine Ziele immer wieder und finde so heraus, ob es auch wirklich deine sind. Schau genau hin, was sich hinter deinen Zielen verbirgt. Wenn das Gefühl, dass du in Zusammenhang mit einem Ziel hast, negativ ist, könnte etwas nicht richtig sein.

Wie du deine Vision findest

In einer Welt, in der alles möglich ist, dir alle Ressourcen (Geld, Zeit, Beziehungen, ...), die für dich wichtig sind, zur Verfügung stehen, wie würde da dein perfektes Leben aussehen?
Für mich mal wieder so eine Frage, über die man definitiv ein Weilchen nachdenken kann. Und jetzt kommt das absolut Wunderbare. Meiner Meinung nach lebst du genau in solch einer Welt und daher ist es erlaubt, große und zunächst als unrealistisch daherkommende Ziele, Visionen und Wünsche zu haben.

Vielleicht hast du bis zu diesem Punkt verstehen gelernt, dass die Grenzen unserer Welt nur durch uns selbst gesteckt werden und lediglich in unseren Köpfen Bestand haben.

Denn:
Alles, was du dir vorstellen kannst, kannst du auch erreichen.

Ich stelle an dieser Stelle eine These auf, welche mir durch Recherchen, Beobachtungen und Gespräche mit erfolgreichen Persönlichkeiten immer wieder bestätigt wird. Viele Menschen, die in ihrem Bereich außerordentlich erfolgreich sind, seien es Unternehmer, Musiker, Manager, Filmstars, Coaches, Lehrer, Speaker haben eine Gemeinsamkeit. Sie haben eine klare Vision von dem, was sie wollen, sie haben für sich ihr Warum im Leben geklärt und wissen, wie ihr Leben perfekt aussieht. Auch wenn sie es im Moment noch nicht zu hundert Prozent leben. Ein häufig zitierter Kalenderspruch hierzu lautet: „Wenn du das Warum in deinem Leben findest, kommt das Wie von selbst."

Wenn wir jetzt von einem allerersten Schritt sprechen, besteht dieser darin, dass du dir klarmachst, was du möchtest. Sehr viele Menschen machen hier den Fehler, dass sie sich immer nur darauf konzentrieren, was sie nicht wollen. Dies ist ein riesiger Fehler, den du nicht machen solltest. Du solltest den Gedanken weiterführen und nicht im Mangelgefühl hängen bleiben. Dadurch, dass du bemerkst, was du nicht möchtest, wächst in dir auch die Vorstellung von dem, was du möchtest und damit auch die Vorstellung von dem, was ideal wäre. Wenn du weißt, was du möchtest und wie dein Leben perfekt wäre, besteht deine Aufgabe nur noch darin, so oft wie möglich darüber nachzudenken, wie es wäre, wenn dieses Ziel schon erreicht wäre.
Das Schöne ist, dass deine Aufgabe nur darin besteht, das „Was" und im Optimalfall dein „Warum" zu klären. Wie du an dein Ziel gelangst, wird sich erfahrungsgemäß Schritt für Schritt offenbaren. Vertraue immer darauf, dass du in einem freundlichen Universum lebst, dass sich um dich kümmern wird.
Und hier kommt noch eine wunderbare Tatsache ins Spiel. Dein Unterbewusstsein kann nicht unterscheiden, ob du eine Situation in Wirklichkeit erlebt hast oder sie dir nur vorstellst. Das heißt im Umkehrschluss, dass wir durch Vorstellung einer erwünschten Situation Erfahrungen schaffen können.

Eine klare Vision von deinem Ziel ist der Schlüssel zum Erfolg.

Du darfst für dich also zunächst einmal herausfinden, was du eigentlich in deinem Leben möchtest. Vielleicht fragst du dich jetzt, „Wie mache ich das genau? Wie finde ich meine Ziele?" Und die Antwort hierauf ist nicht schwierig, folge deinem Gefühl. Du selbst hast das Leben viele Jahre beobachtet, manche von uns bewusster und manche unbewusster. Eines ist aber klar, du hast Dinge erlebt, die du schön gefunden hast und Dinge, die du als nicht besonders schön erachtet hast. Die schönen Dinge haben dir gute Gefühle beschert bzw. genauer, durch das Erleben der schönen Dinge hast du dir selbst gute Gefühle gemacht, daher weißt du im Optimalfall, was du schön und erstrebenswert findest.

Ziele, mit denen du ein gutes Gefühl verbindest, sind der Schlüssel und wenn dein Ziel einfach ist, dass du dich von Tag zu Tag besser fühlst und damit deine Lebensfreude steigerst, dann ist das ein außerordentlich gutes Ziel.

Das Gute daran ist nun auch, dass du dieses Buch in den Händen hältst, welches dich darin unterstützen kann, dieses wunderbare Ziel ganz schnell zu erreichen.

Weiter hinten findest du mit der Walt Disney Strategie noch ein Tool, das dich darin unterstützen kann, deine Vision zu finden.

Ein sehr erstrebenswertes Ziel

Da ich es so wichtig finde und der Lehrer in mir es einfach gewohnt ist, Dinge lieber zu oft als zu selten zu wiederholen, sag ich es nochmal: Ich finde es sehr wichtig, Ziele, Wünsche und Visionen zu haben und damit ein tiefes Verlangen zu verbinden.

Und das aus einem ganz logischen Grund. Nur wenn du weißt, was du möchtest, kannst du es auch erreichen. Oder, um in der Metapher des Weges zu bleiben, nur, wenn du weißt, wo das Ziel ist, kannst du auch ankommen. Sofern man überhaupt jemals ankommen kann, aber das ist ein anderes Thema.

Daher nochmal:
Ziele kannst du nur erreichen, wenn du welche hast und deine Potenziale kannst du auch nur ausschöpfen, wenn du etwas tust.

Viele Menschen und das habe ich im Vorfeld schon erwähnt, haben Schwierigkeiten damit, für sich zu klären, was sie im Leben wollen. Häufig fühlen diese Menschen eine gewisse Unzufriedenheit, wissen jedoch nicht, was verändert werden soll, damit sie sich besser fühlen.

Daher rufe ich an dieser Stelle ein Ziel aus, dass für ausnahmslos jeden Menschen das vorrangige Ziel sein sollte.

Unser aller vorrangiges Ziel sollte es sein, uns jeden Tag gut zu fühlen und Freude an unserem Leben zu empfinden, völlig egal, welche äußeren Umstände gerade unser Leben prägen.

Klingt banal? Stimmt absolut und dennoch ist es ein super Ziel, wie ich finde.
Vielleicht denkst du jetzt so was wie: „Aber wie soll ich mich denn gut fühlen, wenn ich in meinem Leben nur Probleme habe?"
Auch hier merke ich wieder an, dass es nur um den Blickwinkel und die Entscheidung geht, die wir zu Beginn dieses Buches gemeinsam getroffen haben.

Daher noch einmal:
Sich jeden Tag gut zu fühlen, kann sehr einfach sein!

Der Schlüssel besteht darin, dass du nicht zu hart zu dir selbst bist und es dir so einfach wie möglich machst, dich gut zu fühlen.

Nehmen wir beispielsweise zwei Menschen, Maria und Kerstin. Maria wird von vielen als sehr erfolgreich gesehen. Sie hat eine liebenswerte Familie, steht mit beiden Beinen im Leben, hat einen guten Job, aber Maria fühlt sich nicht besonders gut. Sie nimmt ihre täglichen Erfolge und Wunder nicht wahr. Sie fühlt sich nur glücklich, wenn ihr Chef sie lobt oder ihr Mann ihr in jedem Moment seine bedingungslose Liebe zeigt. Doch diese Personen entsprechen nicht immer ihren Vorstellungen. Sie macht ihr tägliches Glück von äußeren Faktoren abhängig.

Kerstin hingegen steht jeden Tag voller Freude auf und freut sich auf den Tag.

Sie lebt gerade in keiner Partnerschaft und ihr Beruf wird von vielen als nicht sehr erstrebenswert betrachtet, aber Kerstin hat etwas verstanden. Ihr Glück kommt von innen. Sie feiert täglich ihre kleinen Erfolge und sieht Wunder in Dingen, in denen manche eben nur das normale Leben sehen. Sie freut sich, dass sie gesund aufwacht und sehen, hören, fühlen, riechen und schmecken kann und den neuen Tag in all seiner Vielfalt genießen kann. Sie ist jeden Tag dankbar für die Dinge, die bereits in ihrem Leben sind und ist in der Lage, sich an Situationen zu erinnern und sich welche vorzustellen, in denen ihr etwas gut gelungen ist.

Und hier mein ultimativer Ponyhof-Tipp: Sei wie Kerstin.

Setze dir als vorrangiges Ziel, dich überwiegend gut zu fühlen und damit verbunden deine Lebensqualität von Tag zu Tag zu steigern.

Wenn das kein gutes Ziel ist, weiß ich auch nicht. Ein Ziel von dir könnte zudem sein, deine Fokussierung bewusst zu ändern und deinen Blick mehr und mehr auf die positiven Dinge im Leben zu richten. Es geht also nicht immer nur darum, die „klassischen" Ziele zu haben, wie beispielsweise eine Millionen Euro zu verdienen oder ein schönes Haus zu besitzen.

Die Fähigkeit der Visualisierung

Eine entscheidende Fähigkeit beim Erreichen von Zielen oder vielleicht noch viel besser beim Manifestieren des Lebens deiner Träume, ist die Fähigkeit des Visualisierens. Beim Visualisieren stellt man sich Ereignisse der Zukunft bereits im Vorfeld bildlich und so detailliert wie möglich vor. Man könnte auch sagen, man konstruiert sich den Wunschzustand im Kopf bevor er zur Realität wird. Geübte Visualisierer erleben ihrer Zukunft mit allen Sinnen und fühlen sich dabei so, als wäre alles Erdachte bereits Realität. Du musst wissen, dass der Mensch, so zumindest der aktuelle Kenntnisstand, als einziges Lebewesen die Fähigkeit besitzt, seine Zukunft gedanklich vorweg zu planen und diese dadurch zu erschaffen. Auch diese Fähigkeit bedarf des regelmäßigen Trainings. Sind die Bilder in deinem Kopf zunächst unscharf und sehr vage, werden sie mit etwas Übung immer klarer und immer detaillierter. Die wichtigste Zutat bei deinen Visualisierungen ist, dass in dir eine positive Sehnsucht auf die mögliche Zukunft entsteht. Du schließt die Augen, blickst in deine Zukunft und bekommst dadurch ein großes Verlangen. Du willst alles dafür tun, um diese Zukunft möglich zu machen. Du kommst also durch die Gedanken in deinem Kopf ins Handeln. Stellen wir uns einmal vor, du hegst tatsächlich den sehnlichsten Wunsch, einen Porsche zu fahren und das, weil es dein eigenes und kein übernommenes Ziel ist. Du visualisierst eine Fahrt in deinem Traumauto immer und immer wieder in deinem Kopf. Du gehst diese Fahrt detailliert durch, nimmst wahr, was du siehst, was du hörst, was du fühlst, riechst und schmeckst und dies machst du Tag für Tag immer und immer wieder.

Wie du an diesen Porsche gekommen bist, ist für deine Visualisierung völlig unerheblich. Das „Wie" muss nicht dein Thema sein, nur das „Was". Durch diese Übung geschieht Folgendes: Dein Unterbewusstsein nimmt dich als Porsche-Fahrer wahr und ermöglicht alles, damit dieser Umstand deine Realität werden wird. Es kümmert sich dann um das „Wie".

Die drei Zutaten einer guten Visualisierung sind:

1. Klarheit darüber, was du möchtest. Du solltest genau wissen, wie dein Wunsch-/ Zielzustand aussehen soll.

2. Detaillierte Planung des Zielzustandes. Unser Unterbewusstsein denkt in Bildern, also nutzen wir das. Lass einen bunten und möglichst nahen Film vor deinem inneren Auge ablaufen, indem du mit allen Sinnen (sehen, hören, fühlen, riechen, schmecken) die Situation aus deinen eigenen Augen wahrnimmst.

3. Ein positives Gefühl des Verlangens, des unbedingten Wollens, stellt sich ein. Je mehr positive Gefühle du hast und je mehr Spaß du beim Visualisieren hast, desto schneller tritt das Visualisierte ein.

Erfolgsfaktoren beim Erreichen von Zielen

Im Folgenden möchte ich dir einige Faktoren nennen, die gemeinhin als sogenannte Zielerreichungsbeschleuniger bekannt sind:

- positives Gefühl und tiefes Verlangen, wenn du an deine Ziele und deren Erreichung denkst
- der Glaube, dass du deine Ziele erreichen kannst und das Wissen, dass du dies verdient hast
- Disziplin und Willenskraft
- Zielklarheit
- Sinnhaftigkeit

Der Optimalfall ist natürlich, wenn du eine klare Vision von deinem Traumleben hast bzw. eine Mission für dich in dieser Welt siehst. Dies kann ein echter Beschleuniger für das Erreichen deiner Ziele sein und führt dich zwangsläufig in die richtige Richtung, ob du es nun willst oder nicht.

Ich habe für mich die Mission, meine Lebensqualität und Lebensfreude und die meiner Mitmenschen merklich zu steigern und dadurch einen positiven Unterschied im Leben anderer Menschen zu machen und darauf richte ich meinen Fokus.

Marc A. Pletzer, ein von mir sehr geschätzter Kommunikationstrainer und einer meiner geheimen Mentoren, hat seine Mission in einem seiner Bücher einmal so formuliert: „Ich möchte mit meiner einzigartigen Perspektive, mit meinem einzigartigen Leben und mit meinen einzigartigen Gedanken dazu beitragen, dass diese Erde ein besserer Ort wird". Echt der Wahnsinn! Und jetzt stell dir einmal vor, du hast eine vergleichbare Vision, was wäre da alles in deinem Leben und in der Welt möglich?

Püppis Ponytipps:

Lieber Leser,

mache Dir klar, was Du in diesem Leben willst. Habe eine klare Vision von den Bereichen Gesundheit, Wohlstand, Beziehungen, Beruf und Liebe. Kreiere in Deinem Kopf einen Film, der diese Bereiche im Optimalzustand zeigt und dann schau Dir diesen Film innerlich immer wieder an. Erlebe ihn in möglichst vielen Details. Am Anfang kann es sein, dass Dein Film noch sehr verschwommen ist und Du Schwierigkeiten beim Visualisieren hast. Du wirst aber bemerken, dass es von Mal zu Mal besser und einfacher funktioniert. Denn Übung macht die Püppi.
Du wirst vielleicht auch bemerken, dass Deine Visionen immer umfangreicher werden und neue Details dazukommen werden und das ist auch gut so.

Sei bei der Zielplanung und Erreichung nicht zu hart zu Dir selbst und mach Dir das Leben einfach und zu Deinem Ponyhof, denn genau das ist es, wenn Du es zulässt. Feiere die alltäglichen Dinge. Nimm Deine täglichen, kleinen Erfolge wahr. Ein gesundes Frühstück ist ein Erfolg, meditiert zu haben, ist ein Erfolg, ein nettes Gespräch geführt zu haben, ist ein Erfolg, das Bett gemacht zu haben, die Zähne geputzt zu haben usw. Ich glaube, Du weißt, worauf ich hinaus möchte. All dies sind Erfolge, daher darfst Du oft stolz auf Dich sein. Denk immer daran, dass die Person, die Dich im Spiegel anschaut, der wichtigste Mensch in Deinem Leben ist, daher gehe gut mit diesem Menschen um und sei stolz auf Deine täglichen Erfolge.

Ach, und noch was ...

Wenn Du Dein Leben als Ponyhof wahrnehmen möchtest,

• *bist Du Dir darüber bewusst, dass im Grunde jede Deiner Handlungen dazu dient, entweder Lust zu gewinnen oder Schmerz zu vermeiden. Du erhoffst Dir von der Erreichung jedes Ziels, Dich dadurch besser zu fühlen als davor.*

• *setzt Du Dir Ziele, die Dich begeistern und eine große Anziehungskraft auf Dich ausüben.*

• *machst Du Dir auf dem Weg zur Erreichung Deiner Ziele nicht so viel Druck und gehst mit der inneren Einstellung an die Sache heran, dass Du in Gelassenheit den fantastischen Weg zum Ziel gehen wirst, bei dem jeder Schritt Spaß macht.*

• *weißt Du, dass sich Deine Ziele immer wieder ändern können und hinterfragst daher Deine Ziele von Zeit zu Zeit.*

• *rufst Du Dir immer wieder ins Gedächtnis, dass eine klare Vision der Schlüssel zum Erfolg ist. Daher machst Du Dir Dein Ziel, Dein perfektes Leben so klar, wie möglich und planst es in Gedanken so detailliert wie möglich. Du gehst in Deiner Zukunft spazieren und ganz wichtig, Du fühlst Dich so, als wäre alles schon Realität.*

Ich hoffe diese Zeilen unterstützen Dich etwas bei der Zielerreichung. Und denk immer dran, ein gut trainierter „Zielmuskel" ist mehr als die halbe Miete in Bezug auf ein erfülltes Leben.

Liebe Grüße
Deine Püppi

Das ist Püppi

Püppi weiß ganz genau, was sie im Leben will und setzt sich immer wieder neue Ziele. Ihr macht der Weg zum Ziel super viel Spaß und wenn ein Ziel einmal erreicht ist, setzt sie sich ein neues. Püppi hat lernen dürfen, dass manche Dinge eben Zeit benötigen, um gut zu werden, deshalb sind für sie Disziplin und Durchhaltevermögen entscheidende Fähigkeiten.

Püppi ist schlau.

Sei wie Püppi :-)

6. Glück kommt von innen

Paulinchen, eines meiner Lieblingsponys, erzählte mir einst diese wunderbare Geschichte:

Vor sehr langer Zeit überlegten die Götter, dass es schlecht wäre, wenn die Menschen ihr Glück finden würden, bevor sie tatsächlich reif genug dafür wären. Also entschieden sie, die volle Glückseligkeit so lange an einem Ort zu verstecken, wo die Menschen sie nicht finden würden, bis sie reif genug sein würden. Ein Gott schlug vor, das Glück auf dem höchsten Berg der Erde zu verstecken. Aber schnell erkannten die Götter, dass der Mensch bald alle Berge erklimmen würde und das Glück dort nicht sicher genug versteckt wäre. Ein anderer schlug vor, das Glück an der tiefsten Stelle im Meer zu verstecken. Aber auch dort sahen die Götter die Gefahr, dass die Menschen es zu früh finden würden. Dann äußerte der Weiseste aller Götter seinen Vorschlag: „Ich weiß, was zu tun ist. Lasst uns das Glück im Menschen selbst verstecken. Er wird dort erst dann danach suchen, wenn er reif genug ist, denn er muss dazu den Weg in sein Inneres gehen." Die anderen Götter waren von diesem Vorschlag begeistert und so versteckten sie das Glück tief im Menschen selbst.

Die meisten Menschen, denen ich bisher in meinem Leben begegnet bin, suchen ihr persönliches Glück an der falschen Stelle und zwar im Außen.

Wenn ich erstmal...
...die perfekte Liebesbeziehung führe,
...meinen Traumwagen habe,
...mein Einkommen erhöht habe,
...in einem Eigenheim wohne,
...brave Kinder habe,
dann bin ich glücklich, sind oft typische Aussagen.

Auch so Sätze wie: „Ich muss etwas finden, das mich glücklich macht.", oder „Das macht mich einfach nicht mehr glücklich.", hört man immer wieder.

Bedenken wir Folgendes, wenn uns etwas glücklich machen muss, dann bedeutet das doch nichts Anderes, als dass wir niemals die Verantwortung für unser Glück haben und es niemals in unserer eigenen Hand liegt, da uns ja etwas oder jemand glücklich machen muss. Was ein jeder von uns meiner Ansicht nach verstehen darf, ist, dass äußere Faktoren nie zum dauerhaften persönlichen Glück führen können und werden. Glück kommt von innen und nicht von außen. Wenn du mit dir selbst zufrieden leben kannst und dankbar bist und dies auch ausstrahlst, kommt alles Gewünschte in dein Leben. Eine für mich sehr schlüssige Definition von Glück ist folgende:

> *„Happiness is a function of accepting what is."*
>
> *Werner Erhard*

Auf Deutsch und ein wenig frei übersetzt: Glück ist immer eine Frage der Akzeptanz dessen, was ist.

Demnach ist der erste Schritt in Richtung Glückseligkeit die Akzeptanz der gegenwärtigen Situation. Oftmals gehen Menschen mit ihrer gegenwärtigen Situation in Widerstand und sind unglücklich über den momentanen Zustand. Dies stellt meiner Meinung nach das Hauptproblem dar. Wenn ein Mensch gegen etwas ist, sorgt dies nur dafür, dass diese Sache in seinem Leben bleibt, da sich seine Gedanken überwiegend um diese Sache, in diesem Fall um den Widerstand, drehen. Daher geht es zunächst darum, die Situation zu akzeptieren und dann in einem weiteren Schritt für sich zu klären, wie es denn im Optimalfall sein soll.

Eine Sache, die sehr viele Menschen auch aktiv machen, um sich unglücklich zu fühlen, ist, dass sie sich ständig mit anderen Menschen vergleichen, denn:

> *„Das Vergleichen ist das Ende des Glücks und der Anfang der Unzufriedenheit."*
>
> *Søren Kierkegaard*

Daher lautet mein Tipp, höre auf dich zu vergleichen. Es wird immer jemanden geben, der besser, schöner, größer oder was auch immer ist, als du.

Was du in Zusammenhang mit dem Thema Glück tun kannst, ist für dich herauszufinden, in welchen Situationen du dich am besten und glücklichsten fühlst. Wenn du das herausgefunden hast, kannst du aktiv in deinem Alltag möglichst viele dieser Situationen schaffen. So einfach ist es, sich besser und glücklich zu fühlen. Stell dir einmal ganz in Ruhe die Frage, wann du am glücklichsten und zufriedensten bist und dann verändere deine Gewohnheiten und dein Leben so, dass du mehr von diesen Situationen bewusst schaffst.

Ein anderer Schlüssel zum Glück, neben der absichtlichen Schaffung von Situationen, in denen du dich gut fühlst, ist es zufrieden mit sich selbst zu sein. Ein Lebensziel könnte sein, dich zu einhundert Prozent so anzunehmen, wie du bist.

Ich habe in einem Lied einmal gehört, dass du diesen Typen im Spiegel besiegen musst, weil er dein größter Feind ist. Ich stimme mit diesen Zeilen überhaupt nicht überein. Die Person, die dich im Spiegel anschaut, die bei vielen Menschen tatsächlich der größte Kritiker ist, der einen immer wieder hinterfragt und die eigenen Verhaltensweisen und Fähigkeiten auf den Prüfstand stellt, sollte nichts anderes als dein größter Befürworter, dein bester Freund sein.

Gehe daher freundlich mit dir selbst um. Du bist einzigartig und genau richtig so, wie du bist. Wenn du dich weiterentwickeln möchtest, dann tu es. Verstehe jedoch, dass dieser Typ im Spiegel dein Verbündeter, dein Seelengefährte, der wichtigste Mensch in deinem Leben ist, mit dem du alles erreichen kannst. Der Mensch, der anfängt, sich selbst zu lieben, eröffnet dadurch anderen ebenfalls die Möglichkeit, ihn zu lieben.

Noch ein Gedanke, Gefühle, sowie das Glück auch, kommen von innen und sind selbstgemacht. Das Gefühl von Liebe, Stärke, Selbstbewusstsein, Erfolg, kann dir niemand geben. Du gibst dir diese Gefühle selbst und genauso ist es auch mit dem Glücksgefühl.

Wertschätzung als Schlüssel zum Glück

„Nicht die Glücklichen sind dankbar, es sind die Dankbaren, die glücklich sind."

Francis Bacon

In den vorangegangenen Kapiteln habe ich bereits an der ein oder anderen Stelle erwähnt, für wie entscheidend ich es halte, dass wir uns gut fühlen und Freude am Leben empfinden. Du kannst deine Gefühle hierbei als eine Art Navigationssystem sehen, da sie dir zeigen können, ob du dich gerade auf dem richtigen Weg befindest. Wie schon erwähnt, können wir Menschen unsere Gefühle bis zu einem gewissen Grad bewusst steuern und sind ihnen nicht hilflos ausgeliefert. Mit einer kleinen und ganz einfachen Übung bzw. Routine kannst du dich in einen guten Gefühlszustand bringen. Der Schlüssel ist Wertschätzung und Dankbarkeit. Wenn du beispielsweise morgens aufwachst und dein erster Gedanke ist, dass du dankbar bist, diesen neuen Tag erleben zu dürfen, werden sich deine Gefühle schlagartig ändern. Während du nach und nach erwachst, könntest du dir in Gedanken all die Dinge ins Bewusstsein rufen, für die du im Moment dankbar sein kannst. Dies können zu Beginn sehr banale Dinge sein. Du kannst beispielsweise dankbar dafür sein, diesen neuen Tag erleben zu dürfen, atmen zu können, laufen und sehen zu können und immer genug zu essen zu haben und vieles mehr. Zum einen wirst du dadurch ganz anders in den Tag starten und deinen Fokus auf mehr Dinge richten, für die du dankbar sein kannst, zum anderen wirst du mehr Ereignisse in dein Erfahrungsfeld ziehen, für die du dankbar sein kannst und dein Leben wird sich von Tag zu Tag verbessern und du immer dankbarer und glücklicher. Ein sogenannter Engelskreis.

Folgend findest du eine kleine Übersicht, über Dinge, für die ich in jeder Sekunde meines Lebens dankbar bin und für die du vielleicht auch dankbar sein kannst.

Ich bin dankbar für:
- ausreichend Nahrung und Trinkwasser
- mein schönes Zuhause
- hervorragende hygienische Bedingungen in Deutschland
- leichten Zugang zu Bildung
- zwischenmenschliche Beziehungen
- meine Gesundheit
- das Geschenk der Musik
- ausgebaute Straßen und schöne Autos
- ein Leben in Sicherheit und Frieden
- Behandlungsmöglichkeiten bei Krankheiten

- die Möglichkeit, mein Leben so zu gestalten, wie ich es möchte
- die Entscheidungsfreiheit in jedem Moment meines Lebens
- die Möglichkeit, eine Partnerin zu wählen, die ich möchte
- den Wohlstand, den ich erleben darf
- Fitnessstudios, in denen ich trainieren darf
- meine Energie und Lebenskraft
- meinen klaren Geist und meine Vorstellungskraft
- die Hilfsbereitschaft von anderen Menschen
- die Möglichkeit, meine Träume zu verfolgen
- die Fähigkeit, Dinge zu genießen
- die Gesellschaft, in der ich lebe
- für meine Rückschläge, ohne die ich nicht wäre, wer ich bin
- für diesen Tag und alles, was ich täglich erleben darf

Sei nicht zu streng zu dir selbst

„Du hast nicht versagt, wenn du scheiterst. Du hast nur versagt, wenn du scheiterst und es nicht nochmal versuchst."

Quelle unbekannt

Stell dir vor, eine Zauberfee kommt vorbei, winkt mit ihrem Zauberstab und du hast von einer Sekunde auf die nächste mehr Selbstbewusstsein. Wenn dir das gefallen würde, geht es dir wie so ziemlich jedem Menschen auf diesem Planeten, dem ich bisher begegnen durfte. In unserer Welt soll es tatsächlich Menschen geben, die sich mehr Selbstbewusstsein wünschen und sich aufgrund ihrer Unsicherheit selbst im Weg stehen. Eine Ursache, die ich dafür sehe, sind die negativen Selbstgespräche, die im Grunde jeder Mensch regelmäßig mit sich führt. Und ich gebe es zu, ich führe diese Gespräche auch und die Zauberfee würde ich ebenfalls nicht wegschicken.

Die negativen Selbstgespräche gehen bei manchen Menschen so weit, dass sie sich selbst als ihren größten Kritiker bezeichnen würden. Doch bedenken wir, die andauernde, unnötige Selbstkritik und die kritische Selbstwahrnehmung führt keinesfalls dazu, dass wir persönlich wachsen und besser werden. Im Gegenteil, zum einen führt dies dazu, dass wir uns selber klein halten und an Selbstbewusstsein und auch am Verständnis unseres Selbstwertes einbüßen. Zum anderen führt die Selbstkritik aber auch dazu, dass wir uns häufig als schlechter, oder unvollkommener wahrnehmen, als wir es in Wirklichkeit sind. Das heißt, unser Bild von uns selbst ist in den seltensten Fällen identisch zu dem Bild, das andere von uns haben. Daher ist es dringend notwendig, dass wir damit aufhören, zu streng zu uns selbst zu sein.

Und vielleicht geht es dir wie mir und du erwartest von dir selbst sehr häufig Spitzenleistungen und wenn etwas mal nicht so klappt, wie du es dir vorgestellt hast, bist du auch oftmals sehr hart in deinem Selbsturteil. So geht es mir zumindest.

Für mich ist es wichtig, mich und meine Verhaltensweisen von Zeit zu Zeit zu hinterfragen, dadurch treibe ich mich persönlich an und komme so immer weiter im Leben, so zumindest mein aktueller Kenntnisstand. Den Fehler, den wir hierbei jedoch vermeiden sollten, ist, dies auf eine nicht besonders nette und für das Wohlbefinden förderliche Art zu machen. So habe ich mich häufig selbst richtig klein gemacht, wenn ich Ziele, die ich mir vorgenommen habe, nicht erreicht habe, sodass ich mich danach richtig mies gefühlt habe, was für meine Motivation nicht gerade förderlich war. Daher wäre es ratsam, etwas weniger streng mit uns selbst umzugehen. Wir alle sind tolle Geschöpfe und keiner von uns ist perfekt. Ein gewisses Streben nach Perfektion, das in gesundem Maße ausgeübt wird, ist ok, aber es gehört zu unserem Leben dazu, dass wir Fehler machen, da Fehler auf keinen Fall etwas Schlechtes sind. Im Gegenteil, nur so lernen wir und können uns weiterentwickeln. Daher macht es absolut keinen Sinn sich selbst schlecht zu machen, wenn etwas nicht so gelaufen ist, wie geplant, oder man enttäuscht von sich ist, weil man vielleicht wieder auf eine Art und Weise reagiert hat, die man eigentlich ablegen wollte. Persönliche Entwicklung ist ein Prozess, der niemals abgeschlossen ist.

Du machst manchmal Fehler? Na und!

Beim nächsten oder übernächsten Mal wird er dir sicherlich nicht mehr unterlaufen. Du bist wieder nicht ruhig geblieben, obwohl du es dir fest vorgenommen hattest? Was soll's! Beim nächsten Mal wird es dir bestimmt gelingen.

Du hast mal wieder zu lange gezögert und ein anderer ist dir zuvorgekommen? Das ist natürlich ärgerlich, aber bedenke, dadurch wächst in dir lediglich der Wunsch, dich deinen Schwächen zu stellen, was dazu führt, immer weiter zu wachsen.

So könnte eine förderliche Denkweise aussehen.

Nimm dich selbst so an, wie du bist

Meiner Ansicht nach geht der Großteil der Unzufriedenheit, die viele Menschen verspüren, auf ein geringes Selbstwertgefühl zurück. Anders ausgedrückt, könnte man sagen, dass die Mehrzahl der Menschen sich ihres eigenen Wertes nicht bewusst ist. Ich möchte an dieser Stelle ein Plädoyer für die Besonderheit und Einzigartigkeit eines jeden Menschen halten. Denn du bist einzigartig und wundervoll genauso, wie du bist. Es gibt auf dem gesamten Planeten keinen Menschen, der so ist, wie du.

Kein Mensch hat deine Gedanken, Ideen, Wünsche, Träume, Visionen, Hoffnungen und auch Ängste.

All dies gehört zu dir und macht dich zu dem Menschen, der du bist und dieser Mensch ist wunderbar.

Natürlich kann es gut möglich sein, dass du nicht mit all deinen Charakterzügen, Eigenschaften und Angewohnheiten im Reinen bist, dennoch darfst du eines nie vergessen, du darfst trotzdem liebevoll mit dir selbst umgehen, denn das bist du und du bist ok, so wie du bist. All das ist authentisch und bringt zum Ausdruck, an welcher Stelle deiner Entwicklung du dich gerade befindest. Wenn du damit unzufrieden bist, sei nicht zu streng zu dir selbst und verändere, was deiner Meinung nach verändert werden muss, aber tue dies mit Nachsicht und zu deinem Besten.

Vergiss dabei niemals, dass du einzigartig und etwas ganz Besonderes bist! Lass dir niemals etwas Anderes erzählen.

Stell dir folgende Frage:

• Wer ist der wichtigste Mensch in meinem Leben?

Und? Was ist deine Antwort? Lass mich raten... dir sind direkt deine Kinder in den Sinn gekommen oder dein Partner, deine Partnerin, deine Eltern, oder andere Personen in deinem Umfeld. Doch du darfst verstehen, dass die Person, die mit Abstand am wichtigsten ist und um die du dich am besten kümmern solltest, dir jeden Tag in die Augen schaut, wenn du in den Spiegel schaust. Ja, genau du bist der wichtigste Mensch in deinem Leben. Daher ist es von entscheidender Bedeutung, dass du gut mit dir umgehst, positiv über dich denkst und, wie im Vorfeld schon erwähnt, nicht zu streng zu dir bist. Unzählige Menschen führen einen Krieg mit sich selbst, richten ihren Fokus auf die vermeintlichen Makel und machen sich selbst klein. Dies muss alles nicht sein. Du bist ein Geschenk für die Welt und du bist ok, so wie du bist. Es wird Zeit, dies endlich wahrzunehmen. Häufig nehmen wir Dinge an uns selbst als störende Schwächen wahr, die wir doch so gerne ablegen würden. Bestimmte Äußerlichkeiten, Charakterzüge, Eigenarten, viele Dinge stören uns häufig an uns selbst, die andere gar nicht wahrnehmen. Vergiss niemals den Blick auf deine Stärken, Talente und positiven Eigenschaften zu richten. Vielleicht kannst du besonders gut tanzen oder zuhören, oder bist sehr freundlich und loyal. Ich bin davon überzeugt, dass du unzählige gute Eigenschaften hast.

Zusammenfassend kann man sagen, dass du ein großes Kunstwerk aus Wesenszügen, Merkmalen, Eigenschaften, Stärken und vielleicht auch ein paar Schwächen bist. Bedenke, nur wenn dies alles zusammenkommt, kommt am Ende ein einzigartiges Wesen dabei heraus und dieses Wesen bist du.

Du bist so besonders, schön und einzigartig, weil alles zusammenspielt. Du bist eine Mischung, die es nur einmal gibt. Du bist einmalig. Wenn du also in Zukunft denkst, du bist nicht gut genug, oder unvollkommen, oder ähnlichen Schwachsinn, der in diese Richtung geht, dann mach dir all die Faktoren bewusst, die dich zu dem wundervollen Geschöpf machen, das du bist. All deine vermeintlichen Dellen und Risse, denn ohne diese wärst du nicht du. Statt sie als Fehler zu sehen, die ausgemerzt werden müssen, betrachte sie als Zeichen deiner Ganzheit, deiner Einzigartigkeit. Versuche das, was du als Fehler oder Unvollkommenheit wahrnimmst, anzunehmen und richte stattdessen deinen Blick auf das große Ganze. Übe dich in Akzeptanz. Du bist vollkommen, einzigartig und ein Geschenk. Ein Schlüssel zur Glückseligkeit und zu mehr Lebensfreude ist, mit sich selbst in Frieden und Harmonie zu leben und sich selbst ohne Bedingungen anzunehmen.

Umgang mit anderen Menschen

Genauso, wie wir im Optimalfall nicht so streng zu uns selbst sein sollten, sollten wir auch etwas milder im Umgang mit unseren Mitmenschen sein. Ich verstehe, dass es sehr ärgerlich sein kann, wenn sich Menschen nicht so verhalten, wie wir es von ihnen erwarten, oder wie wir uns in bestimmten Situationen verhalten würden. Werde dir aber einer Sache bewusst, kein Mensch ist auf der Welt, um deine Erwartungen zu erfüllen und im Endeffekt wissen wir nie genau, in welchem Zustand sich ein Mensch gerade befindet, oder was er in seiner Vergangenheit erfahren hat, das ihn so sein lässt, wie er ist. Mein fester Glaube ist, dass sich kein Mensch bewusst und aus gezielter Bösartigkeit danebenbenimmt. Das Leben kann ganz einfach sein. Je liebevoller wir mit uns selbst umgehen können, desto liebevoller können wir auch mit unseren Mitmenschen umgehen. Empathie ist hierbei eine sehr wichtige Fähigkeit, um den Kontakt zu unseren Mitmenschen zu verbessern. Empathie ist laut Definition von Wikipedia: „...die Fähigkeit und Bereitschaft, Empfindungen, Emotionen, Gedanken, Motive und Persönlichkeitsmerkmale einer anderen Person zu erkennen, zu verstehen und nachzuempfinden." Wer empathisch ist, versucht sein Gegenüber besser verstehen zu lernen, indem er sich in ihn einfühlt, um ihn dadurch aus einer Position der Stärke unterstützen zu können. Empathie darf nicht mit Mitleid verwechselt werden. Meiner Meinung nach ist es nie eine gute Idee, mit jemanden mit zu leiden, da dies keinem hilft. So hilft es einem anderen Menschen vielmehr, wenn er in seiner aktuellen Lebenslage verstanden und unterstützt wird.

Es wird immer Situationen geben, in denen wir uns über andere Menschen ärgern können. Ich habe mich unzählige Male über andere Menschen geärgert. Beispielsweise, weil mir jemand die Vorfahrt genommen hat, sich beim Einkaufen vorgedrängelt hat, oder sich eben für mich so verhalten hat, als wäre er der einzige Mensch auf dieser Welt.

Was mir im Umgang mit anderen Menschen sehr geholfen hat, waren zwei Grundannahmen aus dem Modell des NLP, die wie folgt lauten:

- Menschen treffen innerhalb ihres Modells der Welt grundsätzlich die beste ihnen subjektiv zur Verfügung stehende Wahl.
- Jedes Verhalten wird durch eine positive Absicht motiviert.

Wenn wir davon ausgehen, hinter dem Verhalten von Menschen steht immer eine positive Absicht und ein jeder von uns wählt seine subjektiv bestmögliche Option, dann können wir einem anderen Menschen im Grunde gar nicht mehr böse sein. Viele wissen bzw. können es einfach nicht besser, es steckt aber keine negative Absicht hinter ihrem Verhalten. Mir ist auch klar, dass Menschen in der Lage sind, abscheuliche Dinge zu tun, die wir nicht einfach mit einem „Es war seine beste Option" abtun können. Wenn Menschen etwas tun, das gegen deine moralischen Werte verstößt, hast du die freie Wahl zu entscheiden, ob du ihnen verzeihst oder eben nicht. Du solltest dich nur nicht die ganze Zeit über ihr Verhalten ärgern, da es dir nichts bringen wird und dein eigenes Wohlbefinden stören wird.

Vielleicht wirst du bemerken, dass es dir durch mehr Gelassenheit im Umgang mit anderen Menschen selbst besser gehen wird, so sind zumindest meine Erfahrungswerte.

Bedenken wir bitte auch immer, dass wir nicht wissen können, welche Ursachen hinter Verhaltensweisen von anderen Menschen stehen. Nehmen wir mal das Beispiel mit der Supermarktkasse. Ein Mensch drängelt sich einfach vor, doch warum tut er dies? Du denkst vielleicht, er ist ein schlechter, egoistischer Mensch, der lernen muss, dass die Welt so nicht funktioniert und vielleicht merkst du durch dieses Denken auch gleich, wie dein Wohlbefinden schlechter wird.

Ein besserer Gedanke in dieser Situation wäre vielleicht Folgender:

Dieser Menschen hatte in diesem Moment in seiner Welt vielleicht keine andere Möglichkeit. Vielleicht steckt hinter seinem Verhalten eine positive Absicht. Es wäre ja durchaus möglich, dass dieser Mensch einen schrecklichen Tag hatte und einfach nur schnell heim möchte, weil er ein krankes Kind daheim hat, das ihn braucht. Oder aber, er hat sich in seiner Kindheit diese Verhaltensweisen abgeschaut und kann in diesem Moment einfach nicht anders. All diese Dinge müssen nicht wahr sein, entspannen eine solche Situation aber ungemein. Und seien wir doch einmal ganz ehrlich zu uns selbst. Es ist doch vollkommen egal, ob wir zwei Minuten länger an der Kasse stehen.

Laut der Sozialpsychologie neigen wir Menschen dazu, einen fundamentalen Attributionsfehler im Umgang mit uns selbst und auch im Umgang mit anderen Menschen zu begehen. Damit ist die Tendenz gemeint, dass wir versuchen, unser Verhalten sowie auch das Verhalten von unseren Mitmenschen durch Persönlichkeitsmerkmale zu erklären und die entscheidende Wirkung von situationsbedingten Einflüssen oft unterschätzen. Wenn sich ein Mensch also das nächste Mal deiner Meinung nach danebenbenimmt und du denkst, dass dieser Menschen einfach ein schlechter Mensch ist, du sein Verhalten also an seiner Persönlichkeit festmachst, versuche doch einfach situationsbedingte Einflüsse zu berücksichtigen und mache keinen fundamentalen Attributionsfehler.

Eine sehr hilfreiche Frage, die ich mir immer wieder stelle, wenn mich zwischenmenschliche Beziehungen herausfordern, ist eine Frage, die ich aus dem Buch „Gespräche mit Gott" von Neil Donald Walsh habe. Die Frage lautet:

• Was würde die Liebe tun?

Ich stelle mir diese Frage immer wieder in schwierigen Situationen, in denen ich mich früher sehr geärgert hätte. Vielleicht hilft dir diese Frage auch so gut wie mir und du wirst, wie ich auch, merken, wie viel mehr Gelassenheit in dein Leben und in deine Beziehungen kommt.

Paulinchens Ponytipps:

Liebster Leser,

akzeptiere Deine gegenwärtige Situation, nehme sie bejahend an und gehe nicht in Widerstand mit ihr. Erinnere Dich immer wieder an die positiven Dinge, die bereits in Deinem Leben sind und sei dankbar. Gehe liebevoll und wertschätzend mit Dir selbst um. Du bist der wichtigste Mensch in Deinem Leben und etwas ganz Besonderes. Erinnere Dich jeden Tag daran, dass Du für so vieles dankbar sein kannst, lasse Dankbarkeit zu einer Gewohnheit werden. Du lebst in einer Welt, in der Du für unzählige Dinge dankbar sein kannst. Es ist sehr wichtig, dass Du Dir diese Tatsache immer wieder ins Gedächtnis rufst. Lege Dir neben Dein Bett oder in dein Sichtfeld eine Notiz, die Dich am Morgen direkt daran erinnert, Deine Gedanken auf Dankbarkeit zu programmieren. Schreibe auf diese Notiz die Frage: „Für was bin ich dankbar?" Auch hier gilt wieder der Satz „Die Qualität deiner Fragen bestimmt die Qualität deines Lebens" und diese Frage kann ein echter Ponyhoffaktor sein.

Konzentriere Dich auch immer wieder auf Deine positiven Eigenschaften, Merkmale und Verhaltensweisen. Worauf bist Du stolz? Was kannst Du gut? Hier geht es nicht um Vergleiche mit anderen Menschen. Es wird immer jemanden geben, der Dinge besser kann als Du. Der Vergleich mit anderen Menschen wird Dir niemals helfen. Es sei denn, Du betreibst Leistungssport und ein gesunder Konkurrenzkampf treibt Dich zu Höchstleistungen. Wenn dem nicht so sein sollte, löse Dich vom Vergleichsdenken. Es wird Dich nicht weiterbringen. Sei mit Dir selbst zufrieden und erkenne, was für ein wunderbares Wesen Du bist. Schaue in den Spiegel und sag Dir jeden Tag, dass Du Dich magst und Du ein Geschenk für die Welt bist. Du wirst sehen, dass Du nach einigen Wochen der Übung auch so empfinden wirst.

Ach, und noch was ...

Wenn Du Dein Leben als Ponyhof wahrnehmen möchtest,

* *darfst Du Verantwortung für Dein persönliches Glück übernehmen. Glück kann man nicht im Außen finden. Es kommt von innen.*

* *gehst Du nicht in Widerstand mit ungewollten Lebensumständen, sondern akzeptierst sie zunächst, um Dich im nächsten Schritt daran zu machen, diese Umstände zu ändern.*

* *vergleichst Du Dich nicht mit anderen Menschen und erleichterst Dir dadurch das Glücklichsein.*

* *weißt Du, dass Dankbarkeit ein Schlüssel zum Glück ist und bist daher dankbar für alle Dinge, die bereits in Deinem Leben sind.*

* *vergisst Du niemals, dass Du einzigartig, besonders und ein Geschenk für die Welt bist und nimmst Dich selbst so an, wie Du bist.*

* *bist Du nicht zu streng zu Deinen Mitmenschen. Manche können es einfach nicht besser. Mach Dir immer wieder bewusst, dass hinter dem Verhalten von Menschen eine positive Absicht steht und sie ihre subjektiv bestmögliche Option wählen. Wenn Du Dich weniger über andere Menschen ärgern musst, hast du mehr Zeit, um die Dinge zu tun, die dir Spaß machen.*

Ich wünsche Dir von Herzen, dass Du das Glück in Dir findest und, dass Du gut mit Dir und Deinen Mitmenschen umgehst.

Liebe Grüße
Dein Paulinchen

Das ist Paulinchen

Sie hat lernen dürfen, dass nur sie selbst für ihr Glück verantwortlich ist und es aus ihrem Inneren kommt. Sie weiß, dass Dankbarkeit und Selbstannahme die Schlüssel zum Glück sind. Sie vergleicht sich und ihr Leben nicht mit anderen Ponys, da das keinen Sinn macht.

Paulinchen ist schlau.

Sei wie Paulinchen :-)

7. Das Gesetz der Anziehung

„Alles was wir sind, ist ein Resultat dessen, was wir gedacht haben.“

Buddha

Mit dem Buch und dem Film zu „The Secret“, ich kann beides sehr empfehlen, rückte das Gesetz der Anziehung, oder auch das Gesetz der Resonanz mehr in den Fokus der Öffentlichkeit. Das Gesetz der Anziehung erklärt auf eine, für meine Begriffe, sehr faire und einleuchtende Art und Weise, wie unser Leben und die Welt, in der wir leben, funktioniert. Mir gefällt daran vor allem die Vorstellung, dass jeder von uns für sein Lebensglück selbst verantwortlich ist, was in meiner Welt zu einhundert Prozent meiner Überzeugung entspricht.

Das Verständnis dieser jahrhundertealten Gesetzmäßigkeit lässt einen Menschen die volle Verantwortung für sein Leben und alle bisher erlebten bzw. angezogenen Erfahrungen übernehmen und führt einen Menschen raus aus der Opferrolle rein in die Schöpferrolle. Nach diesem Gesetz ziehen wir nur die Dinge in unsere Erfahrungswelt, die mit uns in Resonanz sind bzw. in die wir die meiste Energie investieren. Also an die wir überwiegend denken, von denen wir am häufigsten sprechen und daraus resultiert, wie wir handeln. Oftmals wird in diesem Zusammenhang auch von Schwingungsfrequenzen gesprochen. Ein Mensch zieht die Dinge, Menschen und Ereignisse in sein Leben, die mit ihm auf derselben Schwingungsfrequenz sind. Oft kommt hier auch das Sprichwort „Gleich und gleich gesellt sich gerne“ ins Spiel.

Wenn ein Mensch demnach auf der Frequenz von Reichtum oder guter Beziehung schwingt, zieht er genau dies in sein Leben. Dringend zu beachten ist, dass das Gesetz in beide Richtungen funktioniert, also sowohl ins Positive, als auch ins Negative. Glückliche Menschen, die immer an ihr Glück denken, davon sprechen und entsprechend handeln, ziehen immer mehr Glück an und umgekehrt ziehen sogenannte Pechvögel, die sich in ihrer Opferrolle gefangen halten und andauernd nur von ihrem Pech sprechen und darüber nachdenken, immer noch mehr Pech an. Vielleicht ist dir das schon einmal aufgefallen.

In selber Art und Weise verhält es sich auch bei kranken Menschen, die ununterbrochen an ihre Krankheit denken und darüber sprechen. Diese Menschen werden demnach immer krank bleiben, sofern sie nicht ihre Denkgewohnheiten ändern.

Es gibt unzählige Beispiele von ehemals sehr kranken Menschen, für die die Ärzte keinerlei Hoffnung mehr hatten und die sich durch die Änderung ihrer Gedanken selbst geheilt haben. Dies geschah nur dadurch, dass sie sich immer wieder klargemacht haben, wie es wäre, bereits gesund oder sehr bald geheilt, zu sein. Sie haben ihre Gedanken bewusst vom Mangelgefühl, in diesem Fall von der, laut den Ärzten, unheilbaren Krankheit, hin zum Gefühl von Fülle, dem Wissen der Genesung und der vollständigen Gesundheit gelenkt.

Viele Menschen, die das erste Mal von diesem Gesetz hören, sind der Meinung, dass dies esoterischer Quatsch sei und es für sie nicht funktioniere. Sie haben wohl schon versucht, positiv zu denken und es sei nie etwas passiert. Dem ist anzuführen, dass jeder Mensch die Summe all seiner Gedanken ist und daher sollten die überwiegenden Gedanken positiv und schöpferisch sein. Wenn du an einem Tag beispielsweise 5 Minuten positive und schöpferische Gedanken denkst und dich die übrigen 23 Stunden und 55 Minuten in deiner Opferrolle gefangen hältst und Negatives denkst und dir dadurch schlechte Gefühle machst, wird es natürlich nicht funktionieren. Es gibt wissenschaftliche Untersuchungen, die erschreckende Zahlen in diesem Zusammenhang präsentieren. Demnach hat ein durchschnittlicher Mensch am Tag ungefähr 60.000 Gedanken, von denen 80 Prozent negativ sind und 95 Prozent davon sind eins zu eins dieselben Gedanken, wie am Tag davor. Da scheint es nicht verwunderlich, dass so viele Menschen ihr Leben als nicht gerade positiv wahrnehmen.

Dabei ist es doch offensichtlich, alles Materielle, was es auf dieser Welt gibt, war zunächst ein Gedanke. Dieses Buch, dass du gerade in der Hand hältst, war zunächst ein Gedanke von mir, der dann Form angenommen hat und auch der Stuhl, oder auf was auch immer du gerade sitzt oder liegst, entstand zunächst im Kopf eines Menschen, daraus kann man ableiten, dass wir Menschen durch unsere Gedankenkraft erschaffen können. Wenn du nun deine Gedanken dazu einsetzt, das schönste und glücklichste Leben, das du dir vorstellen kannst, zu entwerfen, kannst du dieses Leben auch erschaffen.

Daher nochmal:
Was du dir vorstellen kannst, kannst du auch erreichen.

Was meiner Meinung nach einige Menschen im Zusammenhang mit dem Gesetz der Anziehung außer Acht lassen, ist, dass einem Gedanken auch durchaus eine Handlung folgen darf. Für mich wird ein Gedanke nicht materialisiert, nur, weil man ihn denkt. Man darf dann schon auch noch ins Handeln kommen. Aber wie du an dieser Stelle wahrscheinlich bereits gemerkt hast, hat meiner Meinung nach, jeder Mensch seine eigene Realität und sofern ein Mensch wirklich daran glaubt, dass er mit seiner bloßen Gedankenkraft, ganz ohne Handlung, etwas erschaffen kann, so halte ich dies für durchaus möglich. Denn auch hier gilt die Weisheit:

Was du glaubst, bestimmt deine Realität.

Im Zusammenhang mit dem Gesetz der Anziehung wird häufig auch von einem Dreischritt gesprochen, zunächst entsteht der Gedanke, dann wird er ausgesprochen und dann folgt die Handlung.
Ich für meinen Teil bin davon überzeugt, dass zum Erschaffungsprozess immer auch die Handlung gehört und so tritt es dann in meinem Leben auch ein. Früher habe ich aber auch geglaubt, dass man für jeden Erfolg hart arbeiten muss und das Leben hat mir hierfür dann immer wieder die Bestätigung gegeben. Nach einiger Zeit und der steigenden Unlust, immer hart für meine Ziele zu arbeiten, habe ich mich dann für den Glaubenssatz entschieden, dass Erfolg leicht und spielerisch gehen darf und jeder Schritt in die richtige Richtung ein Menge Spaß macht und siehe da, sobald ich angefangen habe, dies aus meinem tiefsten Herzen zu glauben, habe ich genau diese Erfahrung in mein Leben gezogen, daher funktioniert das Gesetz der Anziehung für mich zu einhundert Prozent.
Man muss nur daran glauben und dann zieht man Erfahrungen, die dies bestätigen, auch in sein Leben. Und immer wieder finde ich Bestätigung hierfür in meinem Leben. Menschen, die immer nur über ihren Kummer und ihren Schmerz reden, ziehen dieses fast wie magisch an. Menschen, die immer nur das Gute sehen, ziehen das Gute in ihr Leben.

Welche Art von Mensch möchtest du sein?

Dies ist der einzige Anspruch dieses Buches. Es soll dich in die Lage versetzen, bessere Gedanken zu denken und dir einige Glaubenssysteme näher bringen, die du dann im Optimalfall für dich übernehmen kannst. Wichtig hierbei ist noch zu erwähnen, dass deine Gedanken oder deine Visualisierungen nicht dem Muster „Weg von" folgen dürfen. Wenn du beispielsweise einsam bist und immer nur Gedanken des Mangels gedacht hast, hilft es nichts, wenn du jetzt denkst, dass du nicht mehr einsam sein möchtest. Also Gedanken im Sinne von Weg von Einsamkeit. Die guten und schöpferischen Gedanken sind immer „Hin-zu-Gedanken". Konkret an unserem Beispiel der Einsamkeit wäre dies, dass du Gedanken denkst, die Gemeinschaft oder Partnerschaft ausdrücken. Wähle Gedanken, die dem entsprechen, was du im Leben möchtest und nicht, was du nicht möchtest.

Ein entscheidender Faktor hierbei sind die Gefühle, die du beim Denken der Gedanken hast. Wenn du Gefühle der Wertschätzung und Dankbarkeit, Gefühle des Glücks und der freudigen Erwartung hast, während du diese Gedanken denkst, bist du auf dem richtigen Weg.

Im vorangegangenen Kapitel hast du ja schon einiges zum Thema erfolgreiches Visualisieren erfahren und wie dich diese Fähigkeit darin unterstützt, das Leben deiner Träume Schritt für Schritt Realität werden zu lassen.

Gedanken führen zu Handlungen

„Nähre deinen Geist mit großen Gedanken. An das Heldenhafte zu glauben, bringt Helden hervor. "

Benjamin Disraeli

In sehr vielen Büchern und Vorträgen stößt man auf den von mir im Vorfeld schon erwähnten Satz: „Der Mensch ist die Summe all seiner Gedanken. "

Je mehr ich mich mit dieser Thematik auseinandergesetzt habe, desto mehr muss ich sagen, dass dies einer der wahrsten und wichtigsten Erkenntnisse in meinem Leben geworden ist. Wer diesen Satz versteht und auch versteht, was zu tun ist, der kann sein Leben so gestalten, wie er es für richtig hält.

Darum sollten wir alle nur noch versuchen, positive, schöpferische Gedanken zu denken, was sich aufgrund des „Autopiloten des Denkens" und des Wirrwarrs der täglichen, unbewussten Gedanken leichter liest, als es umgesetzt ist.

Doch auch hier gilt wieder, Übung macht den Meistern. Wenn du einmal darauf achtest, was du den Tag über verteilt für Gedanken denkst, wirst du schnell bemerken, dass diese nicht immer, und das ist eher optimistisch ausgedrückt, produktiv sind.

Häufig erwischen wir uns selbst dabei, wie sich Gedanken automatisch einstellen, die nicht gerade förderlich für unsere Gefühlslage und unser Wohlbefinden sind.

Negative Gedanken komplett aus seinem Alltag zu verbannen, ist nahezu ein Ding der Unmöglichkeit. Es werden immer wieder Momente kommen, in denen sich negative Gedanken heimtückisch anschleichen und versuchen, dir schlechte Gefühle zu bereiten, oder deinen Blickwinkel wieder in Richtung Mangel einzustellen. Aber eben nur, wenn du es zulässt.

Das Gute ist, es gibt Strategien, die wir anwenden können, wenn die negative Gedankenschleife wieder zuschlägt und du dich schlecht fühlst. Viele hast du in diesem Buch bereits kennengelernt.

Du könntest auch einfach versuchen, dich nicht mit dieser Art von Gedanken zu beschäftigen, lass sie einfach weiterziehen. Sollen sie doch jemand anderem auf die Nerven gehen. Oder jedes Mal, wenn sich ein negativer Gedanke einschleicht, feuerst du ihm eine positive Suggestion entgegen. Eine sehr kraftvolle Suggestion in diesem Zusammenhang ist: „Ich kann alles schaffen, sein und werden, was ich will". Sage diese Suggestion immer wieder und glaube vor allem daran, weil dies die reine Wahrheit ist. Du kannst alles schaffen, sein und werden, was du willst. Nichts Anderes ist deine Wahrheit.

Nun, da du in der Lage bist, den negativen Gedanken ihre Energie zu rauben und die Dunkelheit mit Licht zu bekämpfen, und du weißt, dass Dunkelheit nur die Abwesenheit von Licht ist, wirst du sehen, dass deine Handlungen auch immer positiver werden.

Jeder Handlung, so ist es und so wird es immer sein, geht stets ein Gedanke voraus. Wenn du deine Gedanken gezielt steuern kannst, wirst du in der Lage sein, alles in deinem Leben zu erreichen.

Und schon im Talmud steht geschrieben:

„Achte auf deine Gedanken, denn sie werden Worte, achte auf deine Worte, denn sie werden Handlungen, achte auf deine Handlungen, denn sie werden Gewohnheiten, achte auf deine Gewohnheiten, denn sie werden dein Charakter, achte auf deinen Charakter, denn er wird dein Schicksal!"

Die Form der Gedanken verändern

Ich führe in meinem Podcast immer mal wieder Interviews mit für mich sehr interessanten und inspirierenden Gästen und dabei habe ich mir die Rubrik „Wenn ich das mal früher gewusst hätte – 5 Tipps an mein jüngeres Ich" ausgedacht. Ich habe mir hierfür im Vorfeld überlegt, welche Tipps ich mir denn selbst vor einigen Jahren gegeben hätte bzw. was für mein Leben nützlich gewesen wäre, wenn ich es früher gewusst hätte und ich kam zu dem Schluss, dass ich die Grundannahme des NLP „Es gibt keine Fehler nur Feedback" verinnerlicht habe und dankbar für jeden Fehler bin, den ich gemacht habe, denn jeder Fehler hat mich genau zu dem gemacht, der ich jetzt bin. Dermont Kennedy sagt das in einem Lied so wunderschön mit den Zeilen „Every wrong I did turned me to a better kid". Frei übersetzt: Jeder Fehler hat mich zu einem besseren Menschen gemacht. Doch eine Sache, deren Erkenntnis für mich so entscheidend war, hätte ich dann doch sehr gerne etwas früher gewusst und so würde ich mich jetzt auch gern in eine Zeitmaschine setzen und diesen Tipp meinem jüngeren Ich zukommen lassen.

Und das war die Tatsache, dass Denken auditiv ist und hier muss ich auch wieder dem Modell des NLP danken und vor allem Marc A. Pletzer, der mich das erste Mal darauf hinwies. Doch was bedeutet das nun und was hat das mit dem Gesetz der Resonanz zu tun?

Die 60.000 Gedanken, die wir im Durchschnitt über den Tag verteilt denken, sind nichts Anderes, als innere Dialoge, die wir führen, das heißt also, wenn wir denken, bedeutet dies, dass wir in unserem Kopf mit uns selbst sprechen. Die meisten von uns tun dies mit ihrer eigenen Stimme.

Du kannst das jetzt einfach mal ausprobieren. Denk einfach mal, dass das Leben ein Ponyhof ist und dass dein Tag bisher sehr schön war.

Und, was hast du gerade getan?

Ja, du hast mit dir selbst gesprochen und das in deinem Kopf.

Bedeutet: Denken ist auditiv.

Wenn du denkst, ist da also eine innere Stimme, die mit dir redet. Mein Tipp wäre, in den nächsten Tagen auf deine inneren Dialoge zu achten und etwas mehr Bewusstheit in diesem Bereich zu erlangen.

Ist das deine eigene Stimme, die mit dir spricht?

Wie schnell und in welcher Lautstärke spricht diese Stimme?

Ist das nur deine Stimme, die beim Denken mit dir redet oder sind da verschiedene Stimmen?

Und wenn du ein wenig Bewusstheit für deine inneren Stimmen erlangt hast, kannst du mit ihnen ein wenig rumspielen. Mache die inneren Stimmen schneller, oder langsamer, höher, oder tiefer, lauter, oder leiser. Ich habe die Erfahrung gemacht, dass es manchmal besser funktioniert, die Form zu ändern, statt den Inhalt. Was ich damit meine?

Nehmen wir mal an, du machst dir schlechte Gefühle, weil dein innerer Kritiker mal wieder nicht gut mit dir umgeht und beispielsweise zu dir sagt, dass du nicht gut genug bist.

Oder anders ausgedrückt, du fühlst dich schlecht, weil du dich für nicht wertvoll und gut genug hältst.

Eine Möglichkeit, diesen Gedanken zu verändern, liegt nun darin, den Inhalt des Gedankens zu verändern, also von den Worten „Ich bin nicht gut genug" zu „Ich bin mehr als gut genug", wie das funktionieren kann, habe ich im dritten Kapitel beschrieben. Die andere Möglichkeit wäre, die Form des Gedankens zu verändern.

Du lässt die Stimme in deinem Kopf, die sagt „Du bist nicht gut genug", oder bei manchen Menschen auch „Ich bin nicht gut genug" einfach ins Leere laufen, indem du die Stimme lächerlich und weniger glaubhaft machst. Nehmen wir an, dein innerer Kritiker sagt dir: „Ich bin nicht gut genug" mit deiner eigenen Stimme und in deinem normalen Sprechtempo. Was du nun tun könntest, ist im ersten Schritt die Sprechgeschwindigkeit und die Stimmhöhe zu verändern. Stell dir hierbei vor, dein innerer Kritiker hat an einem Heliumballon gesaugt und sagt diesen Satz ganz schnell. Kannst du ihm noch glauben? Wenn mir jemand mit Micky Mouse Stimme sagt, dass ich nicht gut genug bin, muss ich anfangen zu lachen und genau darum geht es. Wir rauben dem inneren Kritiker, den wir alle haben, die Glaubhaftigkeit und können so sein unnötiges und verlogenes Geschwätz einfach nicht mehr ernst nehmen.

Dies mag zu Beginn ein wenig befremdlich klingen, das gebe ich zu. Als ich das erste Mal davon erfahren habe, war ich mehr als skeptisch. Ich habe es dann aber einfach ausprobiert und immer wieder geübt und es hat nach einiger Zeit wirklich funktioniert. Mein innerer Kritiker redet mittlerweile mit einer sexy Frauenstimme mit mir und ich finde ihn einfach nur heiß und so hat er meist keinerlei negativen Einfluss mehr auf mich und auf mein Leben. Das Schöne ist, da unser Gehirn alles automatisiert, was es nur kann, können wir unser Gehirn auch aktiv „umtrainieren" und nach mehrmaliger Übung wird die Stimme des Kritikers immer witziger, oder erotischer, oder lächerlicher klingen und den Inhalt dann noch ernst zu nehmen, ist nahezu ein Ding der Unmöglichkeit.

Und so können wir die Form unserer Gedanken verändern. Der Inhalt bleibt gleich. Allein durch die Veränderung der Form rauben wir manchen Gedanken die hohe Emotionalität. Wenn du die negativen Stimmen in deinem Kopf verändern kannst, verändern sich dadurch auch die Bilder in deinem Kopf. Daher kann es ein entscheidender Ponyhoffaktor sein, mit seinen inneren Stimmen, mit seinen Gedanken, umzugehen.

Die Form ist manchmal leichter zu verändern als der Inhalt. Ich würde dir dennoch raten zu versuchen, beides zu verändern. Wenn du deinen Ponyhof erschaffen möchtest und dafür das Gesetz der Anziehung bewusst nutzen möchtest, kann der Umgang mit deinen inneren Stimmen ein entscheidender Faktor sein. Es ist dein Kopf und es ist dein Gehirn, werde daher auch aktiver Benutzer davon und lass dich nicht nur treiben.

Daniels Ponytipps:

Lieber Leser,

Du kannst Dein Leben nur nachhaltig verändern, wenn Du andere, bessere Gedanken denkst und dadurch auch bessere Gefühle fühlst. Diese Gedanken führen dann wieder dazu, dass Du bessere Handlungen ausführst, die Dich Deinem Traumleben näher bringen. Nimm Dir doch an einem Tag einmal die Zeit Deine Gedanken aufzuschreiben. Immer wenn Dir ein Gedanke in den Kopf kommt und Du ihn bemerkst, notiere ihn. Ziehe am Ende des Tages Bilanz. Wie viele dieser Gedanken waren positiv und wie viele waren negativ?
Bitte sei hierbei nicht geschockt, wenn sehr viele Deiner Gedanken negativ sind. Entscheidend ist bei dieser Übung, welche Schlüsse Du daraus ziehst. Verzage nicht, wenn sich bei dir negative Denkgewohnheiten eingeschlichen haben. In Dir sollte eher die tiefe Motivation wachsen, dies zu ändern und jeden Tag etwas dafür zu tun, bewusst positiv zu denken.
Durch entspannte Zustände, die wunderbar durch regelmäßiges Meditieren erreicht werden können, wirst Du Dir nach und nach der Gedanken bewusst, die Du denkst und die letzten Jahre vielleicht gedacht hast. Du stehst genau an dem Punkt, an dem Du gerade bist, aufgrund der Gedanken, die Du in der Vergangenheit gedacht hast. Wenn Du gerne an einem anderen Punkt wärst, darfst Du Dich jetzt bewusst dafür entscheiden, andere, zielführendere Gedanken zu denken.
Der nächste Schritt besteht nun darin, bewusst eigene Gedanken zu wählen. Bemühe Dich nicht, das zu denken, was Du schon immer gedacht hast, wähle stattdessen bewusst einen Gedanken, der sich gut anfühlt. Dadurch bist Du dann in der Lage, eine neue und bessere Zukunft zu erschaffen. Eine tägliche Meditationspraxis von 10 Minuten kann einen unfassbaren Unterschied in Punkte Lebensqualität ausmachen.

Ach, und noch was ...

Wenn Du Dein Leben als Ponyhof wahrnehmen möchtest,

* *verstehst Du, dass der Mensch die Summe all seiner Gedanken ist.*

* *darfst Du Dir aktiv Mühe geben, überwiegend positive und schöpferische Gedanken zu denken. Gedanken, die von dem Gefühl der Fülle, die Dich jeden Tag umgibt, ausgehen.*

* *veränderst Du zunächst die Form Deiner Gedanken, wenn es Dir schwerfällt den Inhalt zu verändern.*

* *achtest Du auch darauf, welche Gedanken Du als externen Input zulässt. Denn so wie Du darauf achten solltest, aus Deinem Inneren positive und schöpferische Gedanken zu denken, darfst Du auch darauf achten, welche externen Gedanken auf Dich einströmen, da Du diese übernehmen könntest und sie dadurch auch zu Deiner Realität werden könnten.*

* *verinnerlichst Du das wunderbare Zitat aus dem Talmud, das alles zusammenfasst:*

„Achte auf deine Gedanken, denn sie werden Worte, achte auf deine Worte, denn sie werden Handlungen, achte auf deine Handlungen, denn sie werden Gewohnheiten, achte auf deine Gewohnheiten, denn sie werden dein Charakter, achte auf deinen Charakter, denn er wird dein Schicksal!"

Ich wünsche Dir viel Freude und Erfolg beim bessere Gedanken denken.

Liebe Grüße
Dein Daniels

Das ist Daniels

Daniels hat mal gelesen, dass man Sieger am Start erkennt und hat diesen Satz verinnerlicht. Er weiß, dass alles mit seinen Gedanken beginnt und gibt daher sein Bestes, darauf zu achten, welche Gedanken er denkt und auch welche externen Informationen er zulässt. Er lenkt seine Gedanken bewusst, denkt zielgerichtet und absichtsvoll. Wenn der innere Kritiker mal wieder auf den Schirm tritt und versucht, ihn schlecht zu machen, lässt er ihn ins Leere laufen.

Daniels ist schlau.

Sei wie Daniels :-)

TEIL 2

Die Ponyhoffaktoren

8. Die Ponyhoffaktoren

Im zweiten Teil dieses Buches geht es um die Ponyhoffaktoren für ein glückliches, selbstbestimmtes und erfülltes Leben. Ich möchte dir hier einige Tools vorstellen, die dein Leben leichter, besser und schöner machen können und die dich darin unterstützen können, deine Lebensfreude zu steigern. Ich spreche in diesem Zusammenhang gerne von Erfolgsgewohnheiten, da ich, wie bereits erwähnt, der Meinung bin, dass unsere Gewohnheiten unser Leben bestimmen. Wenn jeder einzelne Ponyhoffaktor eine feste Gewohnheit wird, der nicht mit Mühe, sondern mit Spaß verbunden ist, garantiere ich dir, dass du ein schöneres Leben führen wirst als davor.

Der Ponyhoffaktor „Meditation"

An der ein oder anderen Stelle habe ich bereits das NLP-Modell erwähnt, ohne es weiter auszuführen. Dies möchte ich hier auch nicht tun, da das meiner Meinung nach den Rahmen sprengen würde. Es gibt wunderbare Fachliteratur hierzu, die ich dir nur wärmstens empfehlen kann, oder du kannst einfach in meinen Podcast rein hören, da findest du auch mehrere Folgen rund um das Thema NLP. Hier sei nur so viel erwähnt, dass die Grundlage des Neurolinguistischen Programmierens das Modellieren von Spitzenleistungen ist. Die beiden Begründer Richard Bandler und John Grinder haben sich auf die Suche nach besonders erfolgreichen Menschen gemacht und herausgefunden, wie diese Menschen außerordentlich gute Ergebnisse auf ihrem Gebiet erzielen. So haben sie beispielsweise einen Hypnotherapeuten, einen Gastalttherapeuten und eine Familientherapeutin beobachtet, befragt und im Anschluss modelliert, um so das Beste aus deren Arbeit in einem Modell zusammenzufassen.

Warum erzähle ich dir das alles? Nun, zum einen, weil ich es selbst unfassbar spannend finde und die Hoffnung hege, dass du dich nun ein wenig intensiver damit befassen möchtest und zum anderen, weil ich dir von einer Sache erzählen möchte, die ich auf gewisse Weise selbst modelliert habe und die mir in der Retrospektive zu mehr Lebensqualität verholfen hat. Ich habe mich schon immer gefragt, was erfolgreiche Menschen von weniger erfolgreichen Menschen unterscheidet und, ob es Verhaltensweisen oder Gewohnheiten gibt, die die meisten erfolgreichen Menschen gemeinsam haben. Wenn man YouTube einmal gezielt danach durchforstet, stößt man auf unzählige Videos, die die Routinen besonders erfolgreicher Menschen beleuchten und erklären, was diese Menschen an einem normalen Tag mit bestimmter Regelmäßigkeit tun und welche Verhaltensweisen diese Menschen weitergebracht haben. Dabei ist mir aufgefallen, dass es eine Sache gibt, die nahezu alle erfolgreichen Menschen täglich tun. Des Weiteren habe ich Menschen in meinem Umfeld befragt und beobachtet, die ich als echte Vorbilder sehe. Wie gestalten diese Menschen ihren Tag? Gibt es Routinen und Rituale, die sie nutzen? Gibt es Ähnlichkeiten zwischen ihren Gewohnheiten?

Zunächst einmal wurde mir bewusst, dass nahezu alle von ihnen eine bewusst gewählte Morgen- und Abendroutine haben. Einige von ihnen stehen morgens sogar zwischen 4 und 5 Uhr auf, um diese durchzuführen. Das Erstaunliche war, im Grunde sahen diese Routinen bei vielen von ihnen ähnlich aus. Ähnlich, aber nicht komplett gleich. Es gibt aber eine Sache, die nahezu alle von ihnen jeden Morgen und in Teilen auch noch jeden Abend machen.

Diese Sache, diese Gewohnheit, ist das Meditieren.

Aber was hat diese Gewohnheit nun mit Erfolg zu tun und warum schwören so viele erfolgreiche Menschen auf eine tägliche Meditationspraxis?

Positive Aspekte der Meditation

In der folgenden Tabelle findest du positive Effekte des Meditierens, die wissenschaftlich nachgewiesen sind. Ich habe diese Effekte in die Bereiche Gesundheit und persönliches Wachstum unterteilt. Wenn du dich einmal tiefer mit dieser Thematik auseinandersetzt, wirst du merken, dass es noch sehr viel mehr Vorteile gibt, die mit einer regelmäßigen Meditationspraxis einhergehen.

Gesundheitliche Aspekte	Aspekte des persönlichen Wachstums
Stressreduktion	Erhöhte Bewusstheit und verbesserte Wahrnehmung
Krankheitsvorsorge	Steigerung des Einfühlungsvermögens
Verbesserter Schlaf	Erhöhtes Wohlbefinden
Sinkender Blutdruck	Steigerung der Kreativität
Sinkender Cholesterinspiegel	Verbesserte Gedächtnisfähigkeit
Verbesserte Entspannung	Steigerung der Konzentration

Wie du in der oberen Tabelle siehst, gibt es einige nicht zu unterschätzende Vorteile einer regelmäßigen Meditationspraxis. Die beiden für mich wichtigsten Faktoren sind zum einen die erhöhte Bewusstheit und zum anderen die Reduktion von Stress. Auf diese Faktoren möchte ich nun etwas genauer eingehen.

Wenn du regelmäßig meditierst, kann es einen langanhaltenden Einfluss auf deine Wahrnehmung haben. Du wirst zum Beispiel merken, dass dir deine eigenen Gedanken immer bewusster werden. Ich habe im Vorfeld davon gesprochen, dass du den Autopiloten des Denkens verlassen darfst, um dein Leben zu verändern und dies gelingt dir, meiner Meinung nach, sehr gut, wenn du dir über deine automatisch ablaufenden Gedanken bewusst wirst und dabei können dir entspannte Zustände wunderbar helfen. Nach einiger Zeit der regelmäßigen Meditation wirst du dir deiner Gedanken, deiner Stimmen im Kopf, immer mehr und mehr bewusst. In einem nächsten Schritt kannst du dann dazu übergehen, deine Gedanken bewusst zu wählen und so kannst du dein Leben ändern und verbessern. Hierfür bietet die Meditation daher den perfekten Startpunkt. Sie wird dir helfen, mit deinen Gefühlen und Gedanken umzugehen, du wirst merken, was du denkst und welche Emotion sich dadurch einstellt. Auch an dieser Stelle sei erwähnt, dass alles eine Sache der Übung ist. Je häufiger du die Meditation praktizierst, desto mehr wirst du dir deiner Gedanken bewusst und kannst diese gezielt verändern.

Der andere Faktor, den ich entscheidend finde, ist der Faktor der Entspannung und damit einhergeht die Reduktion von Stress. Wie du vielleicht weißt, ist Stress ein großer Faktor im Bereich der Lebensqualität und Gesundheit. Menschen, die überwiegend gestresst sind, führen in der Regel kein angenehmes Leben und so ist mittlerweile auch bekannt, dass Stress Krankheiten verursacht und vorhandene Krankheiten deutlich verschlimmert, so zumindest bei negativem Stress.

Hierbei kann die Meditation Abhilfe schaffen, denn sie kann das Level des Stresshormons Cortisol in deinem Körper verringern. Daher nimm dir immer dann ein wenig Zeit für dich, wenn du dich angespannt und überlastet fühlst. Gönne dir eine Auszeit in deinem Kopf und du wirst sehen, wie du an einem normalen Tag deutlich weniger gestresst bist. Schaffe einen Rückzugsort in dir selbst, der dir an einem hektischen Tag, Ruhe und Gelassenheit geben kann.

Ein einfacher Start in eine regelmäßige Meditationspraxis

Vor einiger Zeit stand ich an dem Punkt, an dem du nun vielleicht auch bist, sofern du dich mit dem Thema Meditation nicht schon auseinandergesetzt hast. Ich habe von all den überzeugenden Vorteilen gelesen, hatte aber nicht viel Ahnung, wie ich damit anfangen sollte, wie das alles überhaupt funktioniert und wann ich überhaupt die Zeit finden sollte zu meditieren.

Also habe ich es so gemacht, wie ich mittlerweile mit allem verfahre, das mich interessiert. Ich habe es also einfach mal gemacht.

Ich habe mich hingesetzt und versucht an nichts zu denken und mich auf meinen Atem zu konzentrieren, so wurde es mir in einem YouTube-Video erklärt. Und meine ersten Erfahrungen sahen ungefähr so aus.

Das an nichts Denken, hat sich so leicht angehört und hat, diplomatisch ausgedrückt, eher so naja funktioniert. Ich habe die ganze Zeit an irgendwelches belangloses Zeug gedacht, an Gespräche, die ich einmal geführt hatte, an negative Erfahrungen, die schon lange zurücklagen, an irgendwelche Lieder, die ich dann in meinem Kopf mitgesungen habe und an vieles mehr. Für mich war es wirklich erstaunlich zu beobachten, was mein Geist macht, wenn sich äußere Ruhe einstellt und ich in mich gehe. Aber je länger ich mich damit befasst habe, desto leichter fiel es mir. Mir ist an dieser Stelle noch ganz wichtig zu sagen, dass die Meditation im Grunde keinen Zweck erfüllen soll und auch nicht als lästige Pflichtübung angesehen werden soll, die jeden Tag abgearbeitet werden muss. Der Prozess an sich, darf Spaß machen. Im Vorfeld habe ich dir zwar einige nicht zu übersehende Vorteile aufgezählt, aber setze dich beim Meditieren bitte niemals selbst unter Druck. Wenn während der Meditation immer wieder Gedanken und Erinnerungen kommen, ist das gar kein Problem.

Nimm diese mit Gelassenheit an und beobachte einfach, was passiert.

Ein super Start für mich waren Videos und Apps, die mir den Einstieg in diese Thematik wirklich erleichtert haben. So gibt es einige gute Apps, die gerade zu Beginn sehr hilfreich sind. Ich hege die Hoffnung, dass du es einfach einmal ausprobierst und es als genauso gewinnbringend für dein Leben erachtest, wie ich.

Der Ponyhoffaktor „Reframing"

Beim Reframing handelt es sich um eine Technik aus dem NLP. Reframing bedeutet in diesem Zusammenhang, sehr einfach gesprochen, einem Ereignis einen anderen Rahmen und damit eine andere Bedeutung zu geben. Wir alle geben Ereignissen ständig Bedeutung. Dinge passieren und entsprechend unserer Prägungen, Erfahrungen, Wertvorstellungen, Glaubenssätze und anderer innerer Wahrnehmungsfilter, verleihen wir ihnen Bedeutungen. Unterschiedliche Personen geben ein und demselben Ereignis vollkommen unterschiedliche Bedeutungen.

Das Wörtchen „Problem" und die oftmals damit einhergehende Denkweise veranschaulicht eine Möglichkeit, die Kunst des Reframings zu nutzen, sehr gut. Stell dir einmal vor, dein Partner hat gefühlt aus dem Nichts die Beziehung beendet und von heute auf morgen alle Sachen gepackt und ist abgehauen. Jetzt stehst du da, ohne Partner, ganz alleine, du weißt vielleicht nicht, wie du alleine die Miete bezahlen sollst, wie dein Leben jetzt weitergeht, weil ihr immer zusammen gewesen seid und eventuell weißt du nicht, wie es geht, alleine zu sein. Deine Gewohnheiten und deine Komfortzone kommen ins Wanken. Was einige Menschen an dieser Stelle ihres Lebens nun machen ist, in Selbstmitleid zu versinken und ihren Fokus auf das Negative zu richten. Sie sehen vielleicht all die Probleme, die jetzt auf sie zukommen und machen sich dadurch gezielt schlechte Gefühle. Und genau hier kommt die Kunst des Reframings ins Spiel. Im oben erwähnten Beispiel gibt es verschiedene Möglichkeiten, sich zu verhalten und zu fühlen. Eine Möglichkeit wäre, die oben erwähnte Opferrolle. Dabei sieht ein Mensch die neue und unbekannte Situation als ein Ereignis, welches einfach so mit ihm passiert und ihn runterzieht. Diese Situation raubt ihm Energie und erschwert das Leben. Es gibt in der genau gleichen Situation aber auch die Möglichkeit, eine komplett andere Sichtweise einzunehmen. Im oberen Beispiel könnte man die Situation auch als Herausforderung sehen, oder noch besser, als Wachstumsmöglichkeit. Sehen wir es doch einmal so, jedes Problem, das in unserem Leben ist, war oder noch kommen wird, ist nur da, weil wir in der Lage waren, sind und sein werden, es zu lösen, um dadurch besser werden zu können. Je größer die Herausforderung ist, desto mehr können wir daran wachsen. Zunächst ist es natürlich schmerzlich, wenn wir auf ein größeres, und für uns manchmal willkürliches Problem stoßen, aber sobald wir beginnen, ein Problem als Wachstumsmöglichkeit zu sehen, nimmt es einen anderen Charakter an und wir gehen ganz anders an die Sache heran.

Wir lassen uns dann nicht mehr von irgendetwas schlechte Gefühle machen, stellen uns den Herausforderungen des Lebens und gehen gestärkt daraus hervor. Denn nichts Anderes sind Probleme, wenn wir einmal ehrlich zu uns selbst sind. Es sind Möglichkeiten des persönlichen Wachstums. Ein Mensch, der ein Problem erfolgreich gemeistert hat, kann es jederzeit wieder meistern, da er nun weiß, wie es geht. Die Wachstumsmöglichkeit am oberen Beispiel wäre Folgende:

Durch die neue Situation und die damit vielleicht verbundene erlebte Einsamkeit könnte man beginnen, sich mit sich selbst auseinanderzusetzen und dadurch erkennen, dass man für das eigene Glück selbst verantwortlich ist. Nach einiger Zeit wird einem vielleicht bewusst, dass die Gefühle, die die andere Person in einem geweckt hat, aus dem eigenen Inneren stammen. Kein anderer Mensch kann Gefühle in dich übertragen oder Ähnliches. Jeder Mensch macht sich seine Gefühle selbst. Und so könnte ein vermeintlicher Rückschlag als die ultimative Wachstums- und Erfahrungsmöglichkeit dienen.

Hier sind meine Top 3 Reframes, die mein Leben immer wieder erheblich erleichtern. Wenn dir diese in Fleisch und Blut übergegangen sind, siehst du das Leben nicht mehr so eng:

- Probleme sind Wachstumsmöglichkeiten
- Fehler sind Feedback
- Kontrast (Negatives) schafft Wünsche

Fehler als Feedback, also auch als eine Möglichkeit des persönlichen Wachstums zu sehen, ist eine geniale Möglichkeit, den inneren Dialog zu entkräften. Was habe ich mich selber schlecht behandelt, weil ich im Nachhinein immer und immer wieder Situationen, in denen ich mich in meiner Welt falsch verhalten habe, nochmal durchspielt habe. Machen wir uns doch nichts vor. Wir alle sind Menschen und keiner von uns ist perfekt und das ist auch gut so. Wir alle machen Fehler. Wenn wir diese Fehler jedoch als Feedback nutzen, kann dies auch ein absoluter Ponyhoffaktor sein. Ich führe hier gerne das Beispiel der Kontaktaufnahme mit Menschen ins Feld. In meinem Fall genauer gesagt, der Kontaktaufnahme mit Frauen. Im Laufe der Jahre habe ich viele Fehler gemacht und somit viel Feedback erhalten und diese Fehler haben dazu geführt, dass ich nun viel empathischer mit Menschen umgehen kann. Nur wer Fehler macht und hinfällt, hat die Möglichkeit, wieder aufzustehen und gestärkt weiterzumachen. Ich bin oft an dem Punkt, an dem ich mir sage, ok, so hat es nicht funktioniert, was darf ich anders machen. Durch das Feedback, das ich erhalte, hinterfrage ich meine Verhaltensweisen, ändere sie falls nötig und führe dadurch ein schöneres Leben. Siehe Fehler als Feedback, lerne daraus und erlaube dir, dadurch besser zu werden.

Einen weiterer Reframe, der mein Leben verändert hat, habe ich von Esther und Jerry Hicks übernommen. Sie sprechen davon, dass Kontrast Wünsche erschafft. Deine Fähigkeit, Dinge in der Welt wahrzunehmen, die du als störend und negativ betrachtest, die du aus tiefstem Herzen ablehnst, ist so wertvoll, da du dadurch erst in der Lage bist, für dich klar zubekommen, was du im Leben willst. Nur weil wir fähig sind, den Kontrast in der Welt zu erleben, sind wir in der Lage, für uns zu klären, was wir wirklich wollen. Der Trick hierbei ist, von jetzt an so durchs Leben zu gehen, dass du dich am besten jedes Mal, wenn du etwas Störendes erlebst, darauf konzentrierst, welcher Wunsch dadurch in dir wächst und was du stattdessen möchtest. Freue dich über jeden Kontrast, welchen du erlebst, da du dadurch immer mehr Wünsche bekommst, die du erreichen möchtest.

Der Ponyhoffaktor „Ankern"

Ich möchte dir gerne zwei Situationen meines Lebens aufzeigen, die für mich einen entscheidenden Ponyhoffaktor sehr schön verdeutlichen. Und mir gezeigt haben, wie dieser Ponyhoffaktor, wenn ich ihn gezielt einsetze, mein Leben zum Positiven verändern kann.

Situation 1:
Es ist Ende Dezember, draußen schneit es, es ist eisig kalt. Ich sitze im Seminarraum und plötzlich steigt mir ein Duft in die Nase, das Parfum einer Frau, die ganz in meiner Nähe sitzt, dringt mir in die Nase und wie aus dem Nichts verändern sich meine Gefühle. Ich bin

nicht mehr in dem Seminarraum und es ist nicht mehr kalter Winter. Vielmehr ist es Sommer, die Sonne scheint mir ins Gesicht und ich laufe Hand in Hand mit meiner damaligen Freundin. Ich höre das Meer rauschen, fühle eine Wärme in meiner Bauchgegend, die sich auf meinen gesamten Körper ausweitet. Körperlich bin ich natürlich noch in dem Seminarraum, aber meine Erinnerung hat mich gerade in eine andere Zeit, an einen anderen Ort gebracht und meine Gefühle haben sich von einem Moment auf den anderen verändert. Wie kam das?

Situation 2:
Ich sitze im Auto, meine Stimmung ist an diesem Tag irgendwie nicht so super, es gab ein paar Vorfälle, die mich veranlasst haben, dass ich mir schlechte Gefühle mache. Ich schalte das Radio ein, ein Lied erklingt und meine Laune ändert sich schlagartig. Ich fange an zu grinsen, mir geht es wunderbar. Ich finde mich gedanklich in einem Las Vegas Urlaub wieder und fühle mich so fröhlich, leicht und beschwingt, wie damals, als ich in diesem Urlaub war.
Was ist hier passiert? Wie war es möglich, dass sich meine Stimmung plötzlich um 180 Grad gedreht hat?

Ich möchte dich nicht lange auf die Folter spannen. In beiden Situationen wurde einer meiner Anker ausgelöst. Im ersten Beispiel ein olfaktorischer Anker (riechen, das Parfum) und im zweiten Beispiel ein auditiver Anker (hören, das Lied).
Was ist ein Anker?

Laut NLP-Definition ist ein Anker ein Reiz (Stimulus, Auslöser, Trigger), der bei einem Menschen eine ganz bestimmte, immer gleich ablaufende Reaktion bewirkt.
In meinem ersten Beispiel hat der olfaktorische Reiz (Parfum) eine Reaktion (positive Erinnerung an eine schöne Zeit) in mir ausgelöst, da ich das Parfum mit einem schönen Moment verknüpft habe. Im zweiten Beispiel hat der auditive Reiz (Lied) eine positive Emotion (Freude) in mir ausgelöst, da ich das Lied mit einem ganz besonderen Urlaub verknüpft habe. Menschen reagieren andauernd auf Anker und natürlich gibt es nicht nur Positive davon. Häufig lösen bestimmte Reize auch negative Reaktionen hervor. So ist die heiße Herdplatte vielleicht ein Anker für etwas Gefährliches, oder die rote Ampel ein Anker für

Stopp, Pizza ist für viele Menschen ein Anker für etwas Leckeres, das Gesicht deines Partners kann ein Anker für Freude sein oder eben nicht (spätestens dann würde ich meine Beziehung hinterfragen), bestimmte Düfte können für dich ein Anker sein, sowie der Anblick deines Handys, oder die Startmusik von Netflix. Im Leben von uns allen gibt es sehr viele Anker, also Reize, die bestimmte Reaktionen auslösen und jeder Einzelne von uns setzt immer wieder Anker ein bzw. wird von ihnen in gewisser Weise auch gesteuert. Bei den meisten ist dieser Vorgang aber unbewusst.

Anker rufen bestimmte Emotionen (positive und negative) in uns hervor und bestimmen ein Stück weit unser Leben. Soviel mal zur Theorie und jetzt zur guten Nachricht. Wir können Anker bewusst einsetzen und unser Leben dadurch schöner gestalten. Wir können bestimmte Reize mit Erfahrungen verknüpfen und so in Situationen, in denen wir bestimmte Emotionen erleben möchten, darauf zugreifen. Das Phänomen des Ankers können wir für uns nutzen, um absichtlich gewünschte Gefühlszustände herbeizuführen und uns selbst in eine gute Stimmung zu führen.

Frag dich zunächst, welche Gefühle bzw. Gefühlszustände du gerne öfter, quasi per Knopfdruck, verfügbar hättest? Wärst du in manchen Situationen gerne selbstbewusster, durchsetzungsfähiger, mutiger, entspannter oder besser gelaunt? Wenn dem so sein sollte, dann lass uns gemeinsam einen bewussten Anker installieren und das geht so:

1. Schritt: Entscheide welches Gefühl du ankern willst. Welches Gefühl hättest du gerne auf Knopfdruck verfügbar?

2. Schritt: Erinnere dich an eine Situation, in der du dieses Gefühl richtig intensiv gespürt hast. Suche dir drei Situationen zur Auswahl aus. Die Situation, die für dich am stärksten ist, ist die Richtige. Falls du keine gute Erinnerung findest, kannst du auch einfach eine erfinden. Für den nächsten Schritt ist es wichtig, dass du diese Situation so real wie möglich nachempfinden kannst, wenn du dies auch bei einer erfundenen Situation machen kannst, ist das wunderbar.

3. Schritt: Lebe diese Situation nach und ankere sie. Schließe deine Augen und versuche, die Erinnerung mit allen Sinnen nachzuempfinden. Was hast du in diesem Moment ge-

hört? Was hast du gesehen? Was hast du gefühlt? Was hast du gerochen? Was hast du geschmeckt? Wenn du voll im Nacherleben bist und das gewünschte Gefühl ganz stark in dir fühlst, dann ankere diesen Moment. Berühre dich an einer Körperstelle, an der du dich normal nicht so häufig anfasst. In der Theorie reicht das so, du hast dann einen kinästhetischen (mit Berührung verbundenen) Anker gesetzt. Ich habe für mich herausgefunden, dass ich gerne dazu noch einen visuellen und auditiven Reiz nutze. Das heißt, ich fasse mich an einer Stelle an, rufe mir dazu noch ein konkretes Bild ins Gedächtnis und sag ein Wort oder mehrere Wörter zu mir und das je nach Situation entweder leise zu mir selbst (Innenlautsprecher) oder laut im Außen (Außenlautsprecher).

4. Schritt: Unterbrecher. Wenn der Anker gesetzt ist, öffnest du die Augen und lenkst dich kurz ab. Denk beispielsweise daran, was du zum Frühstück gegessen hast, oder drehe dich einmal im Kreis.

5. Schritt: Teste deinen Anker. Löse deinen Anker aus und teste, ob er funktioniert, wenn dies der Fall sein sollte, wunderbar, falls nicht, fange wieder mit dem 2. Schritt an. Vielleicht war die Erinnerung nicht stark genug, oder du hast sie nicht intensiv genug nacherlebt.

6. Schritt: Blick in die Zukunft. Denke an einen Moment in der Zukunft, an dem du deinen Anker nutzen wirst und freue dich auf ihn.

So funktioniert die Technik des Ankers. Du kannst jeden Gefühlszustand ankern und immer, wenn du in einer Situation bist, in der du deinen Anker benötigst, oder in der dein Anker bestätigt wird, kannst du ihn auslösen. Gezielt eingesetzt können Anker uns helfen, positive innere Zustände zu erzeugen und ganz schnell auf diese zugreifen zu können, darum sind sie so hilfreich und für mich ein entscheidender Ponyhoffaktor. Stell dir einmal vor, du musst eine Präsentation vor vielen Menschen halten und fühlst dich nicht besonders kompetent, bist nervös und aufgeregt, aber dann fällt dir ein, dass du einen Erfolgsanker installiert hast, du löst ihn aus (berührst dich an einem bestimmten Punkt, visualisierst dabei ein Bild und sagst ein Codewort zu dir) und wie aus dem Nichts fühlst du dich wunderbar selbstbewusst, erfolgreich und kompetent und das nur, weil du dich an einer bestimmten Stelle berührt hast und genau das können gezielt eingesetzte Anker leisten und daher ist diese Technik so wertvoll.

Ich habe einen „Ich-kann-alles-schaffen-Anker". Hierbei balle ich meine linke Faust, rufe Yes, Yes, Yes (je nach Situation entweder auf dem Innenlautsprecher, oder auf dem Außenlautsprecher) und klopfe mir mit der geballten Faust zweimal aufs Herz, dabei rufe ich mir das Bild von Superman ins Gedächtnis, neben Hulk einem meiner Jugendidole.

Wenn du mich also in einer solchen Pose sehen solltest, dann weißt du, dass ich vor einer herausfordernden Situation stehe, die ich erfolgreich meistern werde.

Die Ponyhoffaktoren „Sport und Ernährung"

Bei allen Inhalten dieses Buches geht es darum, dir Ideen und Möglichkeiten aufzuzeigen, wie du mehr Lebensfreude empfinden und deine Lebensqualität ganz einfach steigern kannst. Für mich ist es von großer Bedeutung, dass wir es uns so leicht wie möglich machen, uns gut zu fühlen. Wichtige Bereiche in Bezug auf das Thema allgemeines Wohlbefinden, die ich hier nicht auslassen möchte, sind die Themen Sport und Ernährung. Meiner Ansicht nach gibt es kaum eine effektivere Strategie, wenn man es so nennen mag, um sich selbst innerhalb von kürzester Zeit in einen guten Gefühlszustand zu versetzen, wie sportliche Betätigung.

In meiner Welt sollten unser Körper und unser Geist als eine Einheit fungieren und der Spruch „Ein gesunder Geist lebt in einem gesunden Körper", kommt auch nicht von ungefähr. Ich denke, jeder kann nachvollziehen, dass es für das Wohlbefinden entscheidend ist, mit sich selbst zufrieden zu sein und sich in seinem Körper wohl zu fühlen.

Im Folgenden möchte ich aufzeigen, warum ich auf regelmäßige sportliche Betätigung schwöre und warum ich so dankbar bin, vor vielen Jahren den Sport für mich entdeckt und als eine große Leidenschaft auserkoren habe.

Ein Loblied auf den Sport

Es gibt unzählige Argumente, die dafür sprechen, Sport zu einer festen Gewohnheit in unser aller Leben werden zu lassen. Mit fester Gewohnheit meine ich nicht zwingend, dass du jeden Tag ins Fitnessstudio gehen musst und schwere Gewicht stemmst, wobei ich dies seit vielen Jahren voller Begeisterung mache.

Es geht hier vielmehr darum, dass du dein Ding findest. Finde für dich heraus, welche Art der körperlichen Betätigung dir am meisten Spaß macht und welche Bewegung sich für dich besonders gut anfühlt.

Ich bin Sportlehrer und kenne es nur zu gut, wenn Menschen den Sport als leidige Pflicht-aufgabe sehen, die sie mit Zwang, Angst und Schmerzen verbinden. Aber Sport ist alles andere als das.

Meiner Meinung nach darf jeder Mensch einen Sport für sich finden, den er regelmäßig mit Freude und Begeisterung ausüben kann.

Ich erkläre dir auch gerne, warum dies meiner Ansicht nach so wichtig ist.

Ein wichtiger Faktor ist die psychische Komponente, die in diesem Zusammenhang häufig nicht berücksichtigt wird. Durch regelmäßiges Training programmieren wir unser Unter-bewusstsein auf Leistungswillen und Leistungsfähigkeit. Im Sport geht es nicht selten da-rum, sich Ziele zu setzen und diese zu erreichen. Manche Menschen wollen abnehmen, manchen wollen Muskelmasse aufbauen, ihre Kondition oder Beweglichkeit verbessern und einige wollen etwas für ihre Gelenke tun. Sich im Vorfeld darüber im Klaren zu sein, welches Ziel man verfolgt, ist immer eine gute Idee. Ein wunderbares Ziel ist es zum Bei-spiel, sich nach dem Sport besser zu fühlen als davor. Ich kann dir aus meiner Erfahrung berichten, dass dies nahezu immer der Fall ist. Durch regelmäßigen Sport trainierst du also nicht nur deine äußeren Muskeln, du trainierst ebenso deinen „Zielerreichungsmuskel", was dir in allen Lebenslagen weiterhelfen wird.

Ein positiver Nebeneffekt hierbei ist, dass deine Willenskraft und deine Disziplin erweitert werden und du merken wirst, wie sich das auf alle Lebensbereiche nachhaltig positiv aus-wirken kann.

Für mich ist der Faktor Ästhetik zudem ein wichtiger Motivator. Ein gutes Körpergefühl verbunden mit einer Zufriedenheit beim Blick in den Spiegel kann das Selbstbewusstsein steigern. Im Grunde sollte jeder von uns in den Spiegel schauen können und sagen kön-nen, „ich mag mich", „ich bin wunderschön", egal wie es mit der körperlichen Verfassung aussieht. Einigen Menschen fällt dies nur deutlich schwieriger, wenn sie mit ihrem Körper unzufrieden sind und sich in ihrer eigenen Haut nicht wohlfühlen. Mach es dir daher noch leichter, dich selbst anzunehmen und erschaffe dir zu deinem Traumleben auch noch deinen Traumkörper.

Folgend findest du eine ganze Reihe gesundheitlicher Gründe, die alleine für sich sprechen und zeigen, wie entscheidend regelmäßige körperliche Betätigung ist.

Regelmäßiger Sport:

- senkt das Risiko Herz-Kreislauf-Erkrankungen zu erleiden
- stärkt das Immunsystem
- reduziert Stress
- lässt dich besser schlafen
- kurbelt die Glückshormonausschüttung an

Ein ganz wichtiger Punkt ist auch, dass regelmäßiger Sport deine Denkleistung erheblich steigern kann. Dein Gehirn wird besser durchblutet und bekommt mehr Sauerstoff. Du kannst dich dadurch deutlich besser konzentrieren, wenn es darauf ankommt.

Wie kannst du Sport zu einer Routine werden lassen?

Laut der Definition aus Wikipedia steht der Begriff Routine für eine „Handlung, die durch mehrfaches Wiederholen zur Gewohnheit wird."

Eine Frage, die mich schon immer interessiert hat, ist, wie ich dafür sorgen kann, dass eine Tätigkeit zu etwas Selbstverständlichem wird, ohne dass ich viel Anstrengung aufwenden muss, um sie durchzuführen.

In der Literatur wird häufig davon gesprochen, dass eine Tätigkeit 21 Tage nacheinander ausgeführt werden muss, damit sie zu einer festen Gewohnheit wird und ich habe das dann mal ausprobiert und die 21 Tage stimmen in meinem Fall nicht. Auch hier sei wieder erwähnt, dass jeder Mensch unterschiedlich ist und ein anderes Modell der Welt hat. Ich weiß auch, dass die Zahl 21 nicht von ungefähr kommt, dennoch zeigt mir meine Erfahrung etwas Anderes. In meinem Fall darf ich mir mehr Zeit geben. Ich würde von 60 Tagen sprechen, also zwei Monaten. Nach zwei Monaten hat sich bei mir eine Verhaltensweise zur Gewohnheit eingestellt. So war es mit dem Meditieren, dem regelmäßigen Lesen und auch mit dem Sport.

Auch beim Sport gilt wieder mein Lieblingsmotto: „Mache es dir so leicht wie möglich." Mache es dir daher so leicht wie möglich, regelmäßig Sport zu treiben.
Ich mach das folgendermaßen:
Ich habe feste Trainingszeiten, immer an den gleichen Tagen, immer zu denselben Uhrzeiten, dies ist mir in Fleisch und Blut übergegangen.
Meine Trainingstasche ist immer im Auto und keine Sorge, natürlich werden die Klamotten darin immer wieder gewechselt.
Ich würde mich als sehr willensstarken Menschen bezeichnen, aber, wenn ich nach dem Arbeiten erstmal nachhause gehen und mich kurz aufs Sofa setzen würde, würde ich es mir selbst definitiv auch schwieriger machen, wieder aufzustehen, daher ist meine Tasche im Auto und ich gehe gleich im Anschluss an meine berufliche Tätigkeit zum Sport. Finde für dich eine Möglichkeit, die körperliche Betätigung zu ritualisieren, damit sie dir in Fleisch und Blut übergeht und für dich keine Herausforderung mehr darstellt. Für mich ist Sport wie atmen.

Körperhaltung und Wohlbefinden

Hast du Lust auf ein kleines Experiment?

Wenn ja, dann setz dich mal hin, senke deinen Kopf und deinen Blick, krümme deinen Rücken und ziehe die Mundwinkel nach unten. Und sage mit zittriger Stimme „Mein Leben ist ein Traum, ich lebe auf einem Ponyhof". Geschafft? Gut!
Und jetzt versuch mal was Anderes. Stell dich hin, mach dich groß, halt die Wirbelsäule gerade, strecke die Brust raus, setz dein breitestes Grinsen auf, hebe die Arme in die Luft und sage mit lauter Stimme „Die Welt ist einfach nur mies, ich bin die ärmste Wurst auf diesem Planeten".

Hast du etwas bemerkt? Konntest du dir die beiden Sätze beim Aussprechen selber glauben?

Ich denke wahrscheinlich nicht und ich gehe mal davon aus, dass du dich in der aufrechten Position besser und vielleicht auch mächtiger gefühlt haben wirst als in der gekrümmten und sitzenden Position.

Dieser Versuch sollte dir zeigen, dass wir unsere Gedanken mit unserer eigenen Körpersprache beeinflussen können.

Die Dinge, die wir den ganzen Tag über uns und die Welt denken, stehen massiv in Zusammenhang mit unserer Lebensfreude. Wenn du denken solltest, dass du wunderschön bist und dir alles im Leben gelingt, du im Leben alles lernen kannst und du weißt, dass du alles schaffen wirst, so wirst du definitiv mehr Freude an deinem Leben empfinden, als jemand, der das Gegenteilige denkt.

Und genauso, wie unsere Gedanken unser Wohlbefinden beeinflussen, kann unsere Körpersprache unsere Gedanken beeinflussen und dadurch auch unser Wohlbefinden und unsere Lebensfreude.

Unter dem Überbegriff Körpersprache zähle ich in diesem Zusammenhang unsere Körperhaltung, Bewegung, Gestik, Mimik, Atmung, Muskelspannung und Stimme. Gezielt eingesetzt, können all diese Faktoren zu unserer gehobenen Befindlichkeit beitragen. Durch gezieltes Einsetzen unseres Körpers können wir bestimmte Stimmungen hervorrufen, dies ist eine wunderbare Tatsache, da es so schnell umgesetzt und so einfach anwendbar ist und das in jeder Lebenssituation.

Gerade in Situationen, in denen wir uns schlecht fühlen, können wir mit der Anpassung der Körperhaltung die schnellste Stimmungsänderung vollziehen.

War es dir denn schon mal möglich, dich beim ausgelassenen Tanzen zu fröhlicher Musik schlecht zu fühlen?

Daher kannst du bei aufkommenden schlechten Gefühlen einfach mal deine Körperhaltung verändern. Richte deinen Körper auf, mach dich groß, lächle, atme tief ein und aus und du wirst sehen, es ist dir kaum noch möglich, dich mies zu fühlen.

Unsere Gedanken, unser Verhalten, unsere Wirkung auf andere Menschen hängen sehr stark mit unserem emotionalen Befinden zusammen und wir können unsere Befindlichkeit durch unsere Körperhaltung gezielt beeinflussen, also warum nicht bewusst damit arbeiten.

Ernährung und Wohlbefinden

Es gibt unzählige Ratgeber zum Thema Ernährung und ich möchte dieses Thema nur kurz anschneiden, da es für mich einfach zu diesem Kapitel dazu gehört. Wenn der Körper und der Geist als eine Einheit fungieren sollen, dann dürfen wir genauso, wie wir darauf achten sollten, welche Nahrung wir unserem Geist geben, also in Form von positivem und aufbauendem Input bzw. Gedanken, auch auf die Nahrung achten, die wir unserem Körper zuführen. Ich beobachte immer wieder Menschen, die einfach alles essen, was ihnen ins Bissfeld kommt und dadurch einfach nicht gut mit sich umgehen. Ich will dich hier nicht dazu animieren, dass du deine Nahrung abwiegst oder Kalorien zählst, was natürlich jeder machen kann, der ein großes Ziel in Bezug auf seinen Körper hat. Es geht mir mehr darum, dass du reflektierst, welche Nahrung dir guttut. Es ist wohl kein Geheimnis, dass es für uns Menschen gesunde und eher nicht so gesunde Nahrungsmittel gibt. Beispielsweise Fett und Zucker in zu großen Mengen sind für uns nicht gerade gesundheitsförderlich. Ob wir Zucker überhaupt konsumieren sollten, wäre eine Diskussion an sich wert, die ich hier jetzt aber nicht führen möchte. Wir sollten bei unserer täglichen Ernährung einfach darauf achten, nicht zu viele ungesunde Lebensmittel zu verzehren. Zu ungesunden Lebensmitteln zähle ich in jedem Fall frittierte und sehr fettige Gerichte, Süßigkeiten und zuckerhaltige Getränke, diese sollten wir in jedem Fall reduzieren und uns mehr auf gesundheitsförderliche Nahrungsmittel, wie Obst und Gemüse konzentrieren. Wenn ein Mensch ethisch damit keine Probleme hat, tierische Produkte zu sich zu nehmen, ist hier meiner Meinung nach ein maßvoller Umgang auch in Ordnung. Eine genaue Übersicht zu gesunden und ungesunden Lebensmitteln findest du im Internet und in diversen Ernährungsratgebern. Wir halten also fest, versuche deinem Körper, genau wie deinem Geist auch bewusst gute Nahrung zuzuführen. Ausreichend Obst, Gemüse und Wasser sind definitiv gute Nahrung für unseren Körper. Falls du Dinge wie frittierte und süße Gerichte nicht weglassen kannst, was für mich eher eine Frage des Wollens, statt des Könnens ist (vielleicht erinnerst du dich noch an meine Kollegin, die für eine Million Euro doch auf Süßigkeiten verzichten könnte), gilt das Motto „Alles in Maßen". Ein Tipp von mir ist auch auf die Uhrzeit der Essensaufnahme zu achten. Ich esse drei Stunden vor dem Schlafengehen beispielsweise nichts mehr und fahre sehr gut damit.

Wie mit allem ist das auch hier wieder eine Gewohnheitssache, wenn du deine Ernährung umstellst, ist das am Anfang vielleicht ungewohnt und nicht so einfach, mit der Zeit wird es aber normal und es stellt keine Schwierigkeit mehr dar, sich bewusster zu ernähren.
Versuche doch einfach, einzelne ungesündere Nahrungsmittel durch Gesündere zu ersetzen.

Ersetze beispielsweise:

- Softdrinks durch Wasser
- Chips durch Nüsse
- Vollmilchschokolade durch Zartbitterschokolade
- Wurst durch selbst gebackene Hähnchenbrust

Für mich gehört eine gesunde und ausgewogene Ernährung zum Thema Lebensqualität dazu und daher gilt auch hier meine Empfehlung, einfach mal ausprobieren und schauen, was sich verändert.

Johnnys Ponytipps:

Lieber Leser,

ich habe lernen dürfen, dass unser Wohlbefinden sehr stark mit unseren täglichen Routinen zusammenhängt. Versuche daher jeden Tag, Dinge zu tun, die dich auf dem Weg zu mehr Lebensfreude unterstützen. Meiner Meinung nach sind die Ponyhoffaktoren eine großartige Möglichkeit.

Der erste Schritt ist oftmals der Schwerste und wenn du ihn gegangen bist, wird es immer besser werden. Lasse die Ponyhoffaktoren einfach zur Routine werden und mache dir dabei den Start so leicht wie möglich.

Ach, und noch was ...

Wenn Du Dein Leben als Ponyhof wahrnehmen möchtest,

• *erinnerst Du Dich immer wieder an die nicht zu unterschätzenden Vorteile einer regelmäßigen Meditationspraxis und machst Dir den Start so leicht wie möglich und probierst es einfach mal aus.*

• *nutzt Du die Kunst des Reframings, um ein glücklicheres Leben zu führen.*

• *setzt Du gezielt die Technik des Ankers ein, da dieser Ponyhoffaktor wahre Wunder bewirken kann.*

• *findest Du den für Dich passenden Sport und lässt ihn zur Gewohnheit werden und steigerst dadurch Deine Denkleistung, reduzierst Stress, stärkst Dein Immunsystem, kurbelst die Glückshormonausschüttung an und senkst das Risiko eine Herz-Kreislauf-Erkrankung zu erleiden.*

• *nutzt Du die Tatsache, dass wir unsere Gedanken mit unserer eigenen Körpersprache beeinflussen können und veränderst Deine Körperhaltung in Situationen, in denen Du Dich schlecht fühlst.*

• *achtest Du darauf, welche Nahrung Du Deinem Körper und Deinem Geist zuführst, denn Deine Ernährung steht eng mit Deinem erlebten Wohlbefinden in Zusammenhang.*

Ich wünsche Dir ein mit Ponyhoffaktoren erfülltes Leben.

Liebe Grüße
Dein Johnny

Das ist Johnny

Johnny meditiert regelmäßig und achtet darauf, welche Nahrung er seinem Körper und seinem Geist zuführt. Er nutzt seine Körpersprache und die Technik des Ankerns gezielt, um sich bewusst in eine bessere Stimmung zu versetzen. Johnny macht täglich Sport und trainiert dadurch nicht nur seine physischen Muskeln, sondern auch seinen „Willenskraft- und Disziplinmuskel".

Johnny ist schlau.

Sei wie Johnny :-)

9. Die Kunst sich gut zu fühlen

„Ich hatte vom Feeling her ein gutes Gefühl."

Andreas Möller

Wie funktioniert es, sich schlecht zu fühlen?

Vielleicht ist das für dich eine etwas merkwürdige Frage und ich weiß nicht, ob du dich jemals gefragt hast, wie ein Mensch sich schlechte Gefühle macht. Die meisten würden wahrscheinlich sagen, es passiert einfach mit ihnen. Eine Sache geschieht und zack, man fühlt sich schlecht, also nichts, was ein Mensch beeinflussen könnte. Aber ist das wahr?

Für mich ist das nur halb wahr, denn wenn man den Mechanismus hinter schlechten Gefühlen verstanden hat, ist es gar nicht mehr so einfach, sich schlecht zu fühlen. Im Grunde geschehen verschiedene innere Abläufe, die dafür sorgen, dass sich Menschen schlecht fühlen. Diese internen Abläufe nehmen wir im Normalfall nicht bewusst wahr, doch wenn wir einmal etwas mehr Bewusstheit dafür erlangt haben, können Gefühle bis zu einem gewissen Grad gezielt gesteuert werden.

Meiner Ansicht nach, können die Ursachen von schlechten Gefühlen in fünf Faktoren zusammengefasst werden. Das sind unsere Erwartungen, Hoffnungen, Wünsche, Befürchtungen und die genetisch einprogrammierten Ziele.

Jeder von uns hat Erwartungen, sei es an eine Situation oder an einen Menschen. Ich erlebe häufig Menschen, die von anderen sehr enttäuscht worden sind und sich deshalb unfassbar schlecht fühlen. Wichtig zu verstehen ist, dass Enttäuschung immer Erwartung voraussetzt. Das heißt immer, wenn du in deinem Leben enttäuscht wurdest und dich dadurch schlecht gefühlt hast, hatte dies nur eine Ursache und das war deine Erwartung. Bedenke aber bitte Folgendes, nichts und niemand ist auf der Welt, um deine Erwartungen zu erfüllen. Daher bist du selbst verantwortlich, wenn du dich schlecht fühlst.

Ein anderer Startpunkt, um sich schlecht fühlen zu können oder ein Problem zu haben, ist, dass du ein Ziel benötigst, von dem du glaubst, es unbedingt erreichen zu müssen. Wie du siehst, kommt hier das schöne Wörtchen „müssen" ins Spiel, von dem wir schon gelernt haben, dass es nicht viel Sinn macht. Das allein reicht aber noch nicht ganz aus, um sich schlecht zu fühlen. Du musst dich gleichzeitig machtlos fühlen, dieses Ziel auch wirklich aus eigener Kraft erreichen zu können. Damit einher geht dann die Befürchtung, dass deine Wünsche und Hoffnungen niemals erfüllt werden können. Wann immer dies geschieht, hast du ein Problem und fühlst dich mies. So einfach ist das. Du machst dir dann beispielsweise negative Bilder in deinem Kopf und redest pessimistisch mit dir selbst. Die Folge davon sind dann schlechte Gefühle.

Es gibt einige Ziele, die als angeborene, genetisch einprogrammierte Ziele deklariert werden. Alle Menschen haben seit ihrer Geburt den Drang, diese Ziele zu erreichen und wenn die Komponente der Machtlosigkeit mit ins Spiel kommt, entstehen schlechte Gefühle. Das Ziel des Überlebens steht an erster Stelle und hier kommen dann auch die Ängste mit ins Spiel. Beispielsweise die Angst zu verhungern, zu erfrieren und die Furcht vor Gewalt. Ein anderes Ziel ist es, gelingende zwischenmenschliche Beziehungen zu führen. In diesem Zusammenhang geht es dann um die Angst vor der Einsamkeit und vor dem Gefühl, ausgegrenzt zu werden. Das dritte Ziel, welches jeder von uns von Geburt an hat, ist das Ziel, Vergnügen zu erfahren. Diesem Ziel verdanken wir, dass wir Spaß, Freude und Genuss empfinden können. Und wir verdanken diesem Ziel zudem, dass wir Angst haben, nicht frei in unseren Entscheidungen zu sein und dass Macht auf uns ausgeübt wird.

All diese Ziele gehen auf die Instinkte Überlebenstrieb, Herdentrieb und Vergnügungstrieb zurück, die nicht ohne Weiteres abgeschaltet werden können, was auch gut so ist. Das Verständnis der Ursachen von Problemen hilft jedoch ungemein, um reflektiert mit dem Unwohlsein und den damit verbundenen negativen Bildern und Dialogen in deinem Kopf umzugehen und im entsprechenden Fall entgegensteuern zu können.

Versteh mich bitte nicht falsch, ich erkläre das hier nicht mit dem Ziel, dass du dich häufiger schlecht fühlen kannst. Es geht darum, zu verstehen, dass du auch die Verantwortung für deine Gefühlszustände übernehmen kannst und selbst entscheiden kannst, ob du dich gut oder schlecht fühlst und das in nahezu jedem Augenblick deines Lebens. Sowohl gute, als auch schlechte Gefühle, sind Prozesse, die du selbst gestalten kannst. Ganz einfach gesprochen, könnte man sagen, dass du aktiv etwas tust, damit du dich gut oder schlecht fühlst. Bei den meisten Menschen wird dies jedoch nicht als aktives Zutun wahrgenommen und läuft komplett unbewusst ab.

Mach dir daher immer, wenn du dich schlecht fühlst, bewusst, dass deine angeborenen, genetisch programmierten Ziele bereits ausreichend erfüllt sind. Unsere Instinkte spielen uns hier bisweilen einen Streich und unser Gehirn schaltet auf Autopilot, dadurch entsteht dann die Angst und die schlechten Gefühle.

Und da unser Gehirn nicht auf Glück, sondern auf Überleben konditioniert ist, ist dies ganz normal.

Ein Mensch, der bewusst und selbstbestimmt leben möchte, darf meiner Meinung nach den Autopiloten immer wieder verlassen.

Die Furcht und die schlechten Gefühle machen keinen Sinn, denn im alltäglichen Leben geht es bei den meisten von uns um nichts Lebensbedrohliches. Die grundsätzlichen Ziele sind in unserer heutigen Gesellschaft so gut wie immer erreicht. Dein Überleben ist gesichert. Öffne buchstäblich deine Augen und mache nicht den Fehler zu glauben, dass deine angeborenen Ziele nicht hinreichend erfüllt wären, denn das sind sie.

Wenn du dich mal wieder schlecht fühlst, dann steuere dem bewusst entgegen. Richte deinen Fokus gezielt auf die schönen Dinge in deinem Leben. Auf die Dinge, die du wertschätzt. Stelle dir immer wieder folgende Fragen:

- Hast du genug zu essen, um überleben zu können?
- Hast du genug Freunde, um überleben zu können?
- Hast du genug Entscheidungsfreiheit, um überleben zu können?

Sofern du diese Fragen bejahen kannst, steht deinen guten Gefühlen nichts mehr im Wege, denn deinen Instinkten geht es ausschließlich ums Überleben und wenn dies gesichert ist und du dir dessen bewusst bist, ist alles gut. Erinnere dich immer wieder daran, dass deine ursprünglichen Ziele alle erfüllt sind und ruf dir ins Gedächtnis, dass du alles hast, was du brauchst, um glücklich zu sein. Das absolut Herausragende an diesem Gedanken ist, dass er zu einhundert Prozent wahr ist.

Eine Sache, die noch interessant wäre zu klären, ist, wie ein Mensch sich gezielt gute Gefühle herbeiführen kann.

Ich möchte hier eine These aufstellen, über die du vielleicht in den nächsten Tagen ein wenig nachdenken möchtest. Sie lautet wie folgt:

Alles, was du im Leben tust, tust du, weil du dich gut fühlen möchtest.

Und wie wäre es jetzt, wenn du diesen Zustand des „gut Fühlens" bzw. des „Glücklichseins" jederzeit für dich zugänglich machen könntest, egal welche äußeren Umstände gerade vorherrschen?

Die Ursachen von schlechten Gefühlen habe ich im Vorangegangenen bereits aufgezeigt. Häufig fühlen sich Menschen unglücklich, weil ihre Erwartungen, Hoffnungen und Wünsche nicht eingetroffen sind. So fühlen sich manche Menschen unglücklich und einsam, weil sie keinen Partner haben, manche Menschen fühlen sich unglücklich und minderwertig, weil sie keinen guten Beruf haben und nicht viel Geld verdienen. Viele Menschen haben geradezu einen Meisterstatus darin erlangt, gezielt nach Möglichkeiten zu suchen, um sich schlecht zu fühlen und eines ist klar, wenn man gezielt danach sucht, gibt es unzählige Möglichkeiten, sich schlecht zu fühlen. Im Umkehrschluss gibt es aber auch Unzählige, um sich gut zu fühlen. Auch hier kommt es wieder auf die Wahrnehmung und Fokussierung an.

Der Irrglaube, dass man das Glücksgefühl nur erreichen kann, wenn sich externe Faktoren einstellen, ist in vielen Menschen allgegenwärtig und genau dieser Glaube ist das Hauptproblem.

Es ist für dein Wohlbefinden von entscheidender Bedeutung, dass du selbst Verantwortung für dein Lebensglück übernimmst und sie nicht abgibst an deine Partnerschaft, oder an deinen Beruf, oder an dein Einkommen. Kein externer Faktor kann dafür verantwortlich sein, dass du dich gut fühlst. Das Glück findest du in dir, dies hatte ich ja bereits im siebten Kapitel beschrieben.

Unsere Gefühle machen wir selbst und können sie auch mit etwas Übung steuern. In unseren Empfindungen liegt der Schlüssel zu unserem Lebensglück. Es geht mir hier nicht darum, dass du zu einem Menschen wirst, der realitätsfremd ist und seinen Blick für manche negativen Dinge in der Welt, die es durchaus gibt, verschließt und immer nur gute Gefühle hat. Es ist nichts Falsches, ab und an schlechte Gefühle zu haben, denn sie gehören zum Leben dazu. Genauso wie Krisen, Misserfolge und Enttäuschungen. Vielleicht erinnerst du dich an den Reframe „Ohne Kontrast keine Wünsche".

Denn nochmal:

Ohne den Kontrast, den du in der Welt erlebst, wärst du nicht in der Lage, Wünsche zu entwickeln. Jedes negative Erlebnis hilft dir dabei, deinen „Wunschmuskel" zu stärken. Im Leben wird es immer wieder Rückschläge geben, denn das Auf und Ab gehört dazu und auch auf einem Ponyhof liegt bisweilen Pferdemist und es regnet.

Es wäre nur empfehlenswert, sich überwiegend gut zu fühlen und auf die negativen Phasen, die wahrscheinlich kommen werden, mit steigender Gelassenheit reagieren zu können.

Es ist ja ganz einfach, es geht dir gut, wenn du dich gut fühlst und es geht dir schlecht, wenn du dich schlecht fühlst. So einfach ist das Leben. Das eine fühlt sich einfach gut an und das andere fühlt sich schlecht an.

Also warum nicht überwiegend gut fühlen?

Und hier kommt nun die ultimative Übungsaufgabe, die du gerne immer wieder machen kannst. Denn nicht vergessen, alles ist Übungssache und jeder Muskel kann trainiert werden, das gilt natürlich auch für den „Glücksgefühlsmuskel".

Die Übung geht wie folgt:

Erinnere dich an eine Situation, die du als schön empfunden hast, in der du dich glücklich gefühlt hast.
Stell dir unmittelbar danach eine Situation vor, in der du dich schlecht gefühlt hast und in der du unglücklich warst.

Stell dir nun folgende Fragen:

- Woran erkennst du, dass die eine Situation schön war und die andere unschön?
- Wie fühlt sich dein Körper bei diesen Erfahrungen an?
- In welchem Bereich deines Körpers spürst du das Glücksgefühl?
- In welchem Bereich deines Körpers spürst du das „Unglücksgefühl"?

Schlechte Gefühle spüre ich immer in der Magengegend. Ich fühle hier einen Druck und ein Ziehen auf der linken Seite im Bauchbereich. Das Glücksgefühl ist bei mir in der Brustgegend, genauer auf der linken Seite in Richtung Herz zu spüren. Es ist ein warmes Kribbeln, das von dort aus in den gesamten Körper ausströmt.

Mache dir vor allem das Glücksgefühl ganz genau bewusst und erlebe es nach. Es kann ein riesiger Schritt in Richtung mehr Lebensqualität sein, wenn du es genau nachempfinden kannst.

Folgende Fragen können dir beim Aufspüren des Glücksgefühls behilflich sein:

• Wie genau fühlt sich mein Körper an, wenn ich glücklich bin?
• In welchem Bereich spüre ich dieses Gefühl?
• Ist es ein Ziehen, Vibrieren, Pochen, Kribbeln, Druck?
• Wie stark ist das Gefühl?
• Fühlt es sich warm oder kalt an?

Setze dich eine Zeit lang intensiv mit diesem Gefühl auseinander und mache es so für dich immer wieder erlebbar. Konzentriere dich auf dieses Gefühl und beobachte, was dabei passiert und wenn du kannst, verstärke dieses Gefühl.

Wenn du das Glücksgefühl immer wieder erlebbar machen kannst, hast du meiner Meinung nach einen Schlüssel zu mehr Stärke und Gelassenheit in schwierigeren Situationen gefunden. In Zukunft brauchst du dir diese Körperempfindung nur zurückholen. Richte deine Aufmerksamkeit gezielt auf dieses Gefühl, wenn du dich schlecht fühlst.

Jimmys Ponytipps:

Lieber Leser,

Im Folgenden findest Du meine Lieblingsübung, die Dir ganz schnell helfen kann, wenn Du Dich schlecht fühlst. Diese Übung kannst Du so lange einüben, bis sie automatisch abläuft.

1. Mache Dir folgendes bewusst: Wenn Du Dich schlecht fühlst, geschehen verschiedene interne Abläufe. Du siehst beispielsweise negative Bilder, redest pessimistisch mit Dir selbst, erinnerst Dich an Ziele, die Du nicht erreicht hast, denkst daran, wie jemand oder etwas Deine Erwartungen nicht erfüllt hat und fühlst Dich schlecht. Achte auf die Bilder und Stimmen in Deinem Kopf und die Gefühle in Deinem Körper.

2. Lasse Deine negativen Stimmen mit dem Ausspruch „Stopp! Aufhören!" verstummen. Mache Dir klar, dass das Glück nur aus Deinem Inneren kommen kann und Du alles in Deinem Leben hast, um glücklich zu sein. Sage Dir immer wieder folgenden Satz: „Ich habe alles, was ich brauche, um glücklich zu sein." Nutze dieses Mantra, um Deine negativen inneren Stimmen zum Schweigen zu bringen.

3. Ersetze Deine negativen inneren Bilder durch Positive, die Dir das Gefühl vermitteln, welches Du empfinden möchtest. Diese Bilder können Erinnerungen sein, oder selbst ausgedachte, nicht erlebte Situationen.

4. Konzentriere Dich auf das Gefühl, dass Du empfindest, wenn Du Dich gut fühlst, mache dieses Gefühl groß und versuche, es zu verstärken.

5. Verändere Deine Körperhaltung. Bewege Dich und atme tiefer ein und aus. Denke an einen Moment, als Du Dich fantastisch gefühlt hast.

Hab viel Spaß mit dieser Übung. Ich hoffe, sie wird Dir so helfen, wie sie mir geholfen hat und immer noch hilft.

Ach, und noch was ...

Wenn Du Dein Leben als Ponyhof wahrnehmen möchtest,

• *weißt Du, dass Gefühle selbstgemacht sind und Du die Verantwortung für Deine Gefühlszustände hast. Entscheide darum selbst, ob Du Dich gut oder schlecht fühlen möchtest.*

• *verstehst Du, dass hinter schlechten Gefühlen ein Mechanismus und Ursachen stecken, welche sich auf fünf Faktoren beschränken lassen. Unsere Erwartungen, Hoffnungen, Wünsche, Befürchtungen und genetisch einprogrammierten Ziele.*

• *ist Dir klar, dass unser Gehirn auf Überleben und nicht auf Freude programmiert ist.*

• *machst Du Dir immer, wenn Du Dich schlecht fühlst, bewusst, dass Deine angeborenen, genetisch programmierten Ziele bereits ausreichend erfüllt sind.*

• *verstehst Du, dass Du alles hast, was Du brauchst, um glücklich zu sein und Du Dir selbst gute Gefühle machen kannst.*

Ich wünsche Dir ganz viel Spaß beim gute Gefühle machen.

Liebe Grüße
Dein Jimmy

Das ist Jimmy

Jimmy versteht die Mechanismen hinter seinen schlechten Gefühlen. Immer, wenn er sich schlecht fühlt, hält er kurz inne und überlegt, was die Ursachen sein könnten und macht sich dann selbst gute Gefühle, indem er darüber nachdenkt, was er möchte und seine Lieblingsübung durchführt.
Jimmy fühlt sich die meiste Zeit gut und strotzt vor Lebensfreude.

Jimmy ist schlau.

Sei wie Jimmy :-)

TEIL 3

Den Weg wirklich gehen

10. Den Weg wirklich gehen

„Es ist ein Unterschied, ob man den Weg nur kennt, oder ob man ihn beschreitet."

Morpheus, The Matrix

Meine Intention war es, dieses Buch so zu schreiben, dass du, mein lieber Leser, bereits ab der ersten Seite dein eigenes Modell der Welt hinterfragen und erweitern kannst und du auch sofort einige Ideen, sofern aktiv umgesetzt, nutzen kannst, um mehr Lebensfreude zu empfinden.

Es ist die eine Sache, ein Buch wie dieses einfach nur zu lesen und passiv zu konsumieren, oder den Weg auch wirklich zu gehen und die angesprochenen Inhalte dauerhaft aktiv umzusetzen. Damit meine Gedanken nicht nur Worte auf weißem Papier bleiben, ist dieser dritte Teil als eine Art zusätzlicher Anstoß gedacht, damit du, sofern dies nicht schon geschehen ist, ins Handeln kommst und wirklich etwas dafür tust, deine Talente, Stärken und veranlagten Potenziale optimal auszubauen.

Im Laufe meines Lebens habe ich feststellen dürfen, dass nicht jeder Mensch gleich ist, was eine wundervolle Tatsache ist, die uns alle zu einzigartigen Individuen macht. Jeder von uns lebt sein Leben auf eine andere Art und Weise und Menschen lesen auch Bücher unterschiedlich. Es soll sogar welche geben, die gar nicht lesen, aber das ist ein anderes Thema. Ich habe für mich ganz vereinfacht drei Arten von Menschen ausgemacht, die ich hier nur kurz erläutern möchte, mit dem Zusatz, dass es wirklich sehr verallgemeinert ist. Mir ist durchaus bewusst, dass jeder Mensch viel vielschichtiger ist und je nach Lebenssituation auch mal den Menschentyp wechseln kann. Mir ist noch wichtig zu sagen, dass kein Mensch besser ist als der andere. Erfahrungsgemäß ist es nur so, dass es Menschentypen gibt, die eher dafür geeignet sind, Freude an ihrem Leben zu empfinden und andere eben weniger.

Zum einen gibt es für mich die Menschen, die sehr viel meckern, sich häufig beschweren und gezielt danach suchen, was in unserer Welt und in ihrem Leben verkehrt läuft. Menschen, die sich unfassbar wohl in ihrer Opferrolle fühlen. Diese Menschen werden oft als Problemsucher, Meckerer, oder auch als Energievampire bezeichnet, da sie die Energie von positiveren Menschen absorbieren können, sofern der positivere Mensch das zulässt. Ich nenne diese Menschen Jammerer.

Dann gibt es noch diejenigen, die nicht müde werden zu sagen, dass sie das Beste aus der aktuellen Situation, aus ihrem Leben machen, aber nie übers Reden hinauskommen und niemals ins Handeln kommen. Das sind für mich die Schwätzer.

Und dann gibt es noch die letzte Gruppe, das sind die, die tatsächlich das Beste aus ihrem Leben machen, sich auf die positiven Dinge konzentrieren und ins Handeln kommen. Das sind für mich die Macher.

Für den weiteren Verlauf deines Lebens und auch in Bezug auf die Inhalte dieses Buches, wäre es von entscheidender Bedeutung, dass du ein Macher bist bzw. wirst, der die Dinge anpackt, loslegt und den Weg nicht nur kennt, sondern auch geht.
Wenn du an diesem Punkt eine Vision von deinem Ponyhof hast, ein großes Ziel hast, den Willen hast, dein Leben zu verbessern, hält dich jetzt nur noch eine Sache zurück und das bist du. Ich habe dir ja bereits aufgezeigt, dass zum Prozess des Erschaffens meiner Meinung nach die Handlung dazu gehört. Du darfst demnach etwas für ein schöneres Leben tun und wenn es nur tägliche, kleine Schritte sind. In meinen Augen sind zwei der größten „Erfolgsverhinderer" der heutigen Zeit die Trägheit und ein fehlendes Durchhaltevermögen. An dieser Stelle sei nochmal erwähnt, dass entweder die Leidenschaft oder der Leidensdruck zu Veränderung führen. Deine Ziele dürfen also so verlockend sein, dass du jeden Schritt bis zu deren Erreichung gerne tätigst. Und es sei auch nochmal erwähnt, ein sehr verlockendes Ziel kann es sein, mehr Glückseligkeit an der aktuellen Situation zu empfinden und dafür helfen die Inhalte dieses Buches und vor allem die Ponyhoffaktoren, die im zweiten Teil beschrieben sind. Wenn du dich dafür entscheiden solltest, dass du einen immer positiveren Blick auf die Welt haben möchtest und deine Wahrnehmungsfilter auf die schönen Dinge einstellen möchtest, dann darfst du jeden Tag etwas dafür tun. Sei es eine Morgenroutine für dich zu finden, die dir einen guten Start in den Tag ermöglicht, dich mit dir selbst auseinanderzusetzen, und dadurch deine Selbstannahme zu steigern,

dir bessere Fragen zu stellen und dadurch bessere Entscheidungen zu treffen, oder einfach nur zu meditieren, damit du gelassener wirst und deine Gedanken besser wahrnehmen und steuern kannst.

Möglichkeiten des persönlichen Wachstums erkennen

„Wir haben die Wahl, ob wir einen Schritt zurück in Richtung Sicherheit oder einen Schritt nach vorne in Richtung Wachstum gehen wollen. Wir müssen uns immer wieder für das Wachstum entscheiden. Angst muss immer wieder überwunden werden."

Abraham Maslow

Ein Trainer sagte einmal folgenden Satz zu mir, der einiges in mir ausgelöst hat:

„Deine größte Angst zeigt dein größtes Wachstumspotenzial an."

Im Umkehrschluss bedeutet dies, wenn du dich deiner größten Angst stellen kannst und sie überwindest, kannst du persönlich dadurch am meisten wachsen. Ich habe sehr viel über diesen Satz nachgedacht und für mich reflektiert, wovor ich mich in meinem Leben stets aus Angst gedrückt habe. Zu häufig scheuen wir uns davor, unsere Komfortzone zu verlassen, um etwas Neues auszuprobieren und versperren uns dadurch Möglichkeiten, unsere Lebenserfahrung zu erweitern und dadurch auch Möglichkeiten des persönlichen Wachstums zu nutzen. Ich sehe das mittlerweile so, wenn wir nie aus unserer Komfortzone heraustreten, versperren wir uns dadurch die Möglichkeit weiterzukommen. Eine Möglichkeit, uns selbst nicht im Weg zu stehen, besteht darin, diejenigen Gewohnheiten zu hinterfragen, die persönliches Wachstum erschweren.

Nur weil du eine Sache immer gemacht hast und sie sich vielleicht sicher anfühlt, heißt es noch nicht, dass sie dich weiterbringt. Denke dran, dass die Qualität deiner Gewohnheiten die Qualität deines Lebens bestimmt.

Jeder von uns kennt dieses Gefühl des Unbehagens, wenn sich eine neue Gelegenheit eröffnet. Man ist sich nicht sicher, ob man den Schritt gehen soll, hat vielleicht ein flaues Gefühl in der Magengegend, nimmt alte Glaubenssätze wahr, von denen wir mittlerweile wissen, dass sie nicht der Wahrheit entsprechen und nur zwischen unseren Ohren existieren. Wir sagen uns beispielsweise „Es ist doch alles ganz ok, so wie es ist", „Wer weiß, ob es danach nicht schlechter ist". Ich kenne diese Stimmen in meinem Kopf, die mich am Wachstum hindern wollen sehr gut. Vielleicht kennst du sie ja auch.

Der erste Schritt aus der Komfortzone kann sich als nicht gerade leicht erweisen, aber es kann der entscheidende Schritt in Richtung mehr Lebensqualität sein. Ich habe diesen Schritt beispielsweise getan, als ich mehr vom Leben wollte und mich dazu entschieden habe, ein besserer Mensch zu werden, der seine Potenziale ausschöpfen möchte. Als ich viele Seminare und Ausbildungen besucht habe und auch, als ich meinen Podcast und dieses Buch veröffentlicht habe. Ich hatte und habe immer noch bei jeder neuen, ungewohnten Erfahrung ein flaues Gefühl im Magen und mein Kritiker schaltet sich im Grunde immer ein, wenn etwas Unbekanntes ansteht, aber ich weiß ja, wie ich mit ihm umgehen kann.

Eine Sache, die auch hinderlich sein kann, sind deine Mitmenschen. Ich habe einiges an Gegenwind von meinen Mitmenschen spüren dürfen, als ich mich verändert habe. „Du bist doch Beamter, warum solltest du noch was anders machen? Werde jetzt nicht überheblich." „Was willst du ein Buch schreiben? Du hast doch nichts zu sagen.", „Schuster bleib bei deinen Leisten", „Du bist Lehrer und das passt auch".

Als Lehrer und Beamter nimmt das Wort Komfortzone vielleicht eine nochmal andere Bedeutung an. Lass dich davon aber bitte nicht beirren. Menschen, die dir guttun und, die zu dir passen, werden in deinem Leben bleiben und alle anderen dürfen sich gerne verabschieden.

Ich habe dann an einem gewissen Punkt entschieden, dass ich in meinem Leben einfach ein paar neue Erfahrungen machen möchte, mich neuen Herausforderungen stellen möchte und daran wachsen möchte. Und das war und ist zugegebenermaßen nicht immer leicht.

Lange Rede, kurzer Sinn, ich stand in letzter Zeit oft vor Entscheidungen, die für mich lebensverändernd waren, die meine Komfortzone komplett gesprengt haben. Immer wieder hörte ich die Stimmen in meinem Kopf, die mich nicht aus meiner Komfortzone lassen wollten, aber ich habe die Entscheidung getroffen, mich zu verändern und bis zu diesem Punkt niemals bereut. Das ist auch die Sache beim Entscheidungen treffen. Sorgen wir einfach dafür, dass sie sich im Nachhinein als richtige Entscheidung herausstellt. Es öffnen sich häufig Türen in eine andere Welt, die wir aufgrund von Bequemlichkeiten oder auch aus Angst nicht durchschreiten. Oft müssen wir die Türen nicht mal selbst öffnen, sondern nur durchgehen, aber auch das fällt häufig schwer, weil da diese Komfortzone ist. Ich habe in meinem Leben lernen dürfen, dass ich persönlich am meisten wachse, wenn ich meine Komfortzone erweitere und durch die Tür gehe und manchmal darf ich die Türe selber öffnen und es gab auch Momente, da durfte ich sie eintreten und es hat sich ausnahmslos immer gelohnt.

Mit Rückschlägen umgehen

Eine Sache, die mir wichtig ist, hier am Ende nochmal anzusprechen, ist, dass zum Leben auch Rückschläge gehören. Es gibt im Leben von allen Menschen immer wieder Erfahrungen, die wir nicht zwingend machen wollen. Ich habe ja schon gesagt, dass es auf einem Ponyhof auch Herausforderungen und an der ein oder anderen Stelle stinkenden Mist gibt, um in der Metapher zu bleiben. Es wäre natürlich schön, wenn unser Leben immer nur spielend leicht vonstattengehen würde und ich hoffe für dich, dass du mit deinen Herausforderungen stets gut umgehen wirst und sie auch mit steigender Gelassenheit annehmen kannst.

Ich habe in meine Leben erfahren, dass es dazu gehört, Rückschläge und Schwierigkeiten zu erfahren. Oft treffen uns harte Schicksalsschläge wie aus heiterem Himmel und drohen uns aus der Spur zu werfen. Meine Hoffnung ist, dass du gefestigt genug bist, auch mit schwierigen und sehr einschneidenden Schicksalsschlägen gut umgehen zu können.

In meinem Fall gab es den ein oder anderen Rückschlag, der mich aus der Spur geworfen hat, da ich noch nicht die Dinge wusste, die ich jetzt weiß bzw. noch nicht umgesetzt hatte. Der Tod meines Vaters und auch meines Opas waren solche Schicksalsschläge. Direkt nach dem Tod meines Vaters hat mir eine Kollegin eine Frage gestellt, mit der ich zum damaligen Zeitpunkt überhaupt nichts anfangen konnte und die ich als mehr als unpassend empfunden hatte. Sie fragte mich: „Was ist das Gute daran?"

In der damaligen Situation bedeutet das so viel wie: „Was ist das Gute daran, dass dein Vater gestorben ist?"

Diese Frage kam für mich einfach zu früh, aber sie hat damals auch schon etwas in mir ausgelöst. Ich habe über diese Frage nachgedacht.

Und da das Leben ja bekanntlich vorwärts gelebt und rückwärts verstanden wird, kann ich jetzt sagen, dass ich definitiv nicht der Mensch wäre, der ich bin, ohne die Rückschläge, die ich erfahren habe. Das soll nicht heißen, dass ich ein besonders toller oder vorbildlicher Mensch bin, das bin ich nämlich nicht, aber es hat mich dazu gebracht, mich mit manchen Dingen in meinem Leben intensiver auseinanderzusetzen und so für mich Möglichkeiten zu finden, meine Leben als Ponyhof zu sehen, trotz der Schwierigkeiten, die sich ab und an offenbaren.

Ich habe lernen dürfen, dass es in herausfordernden Phasen auf die Qualität unserer Fragen ankommt und meine ehemalige Kollegin hat mit ihrer für mich so unpassenden Frage den Anstoß dazu geleistet, daher bin ich ihr heute unendlich dankbar. Es gibt bei Rückschlägen zwei Möglichkeiten, wie wir mit der Situation umgehen können. Entweder wir versinken in Selbstmitleid und hadern damit, dass das Universum etwas gegen uns hat, oder, und dies ist aufgrund meiner Erfahrungen die deutlich bessere Alternative, wir stellen uns andere Fragen, stellen uns der Herausforderung und versuchen daraus etwas zu lernen. Es gibt nur diese zwei Optionen. Daher stelle ich mir in schwierigen Situation oft gezielte Fragen, auch wenn es manchmal schwer ist und ich einfach nur leiden möchte, aber im Nachhinein stellen sich diese Fragen immer als hilfreich heraus.

Drei hilfreiche Fragen in schweren Situationen:

• Was ist das Gute daran?
• Was kann ich daraus für mein zukünftiges Leben lernen?
• Wie kann ich an dieser Aufgabe wachsen?

Die Walt-Disney-Strategie

Kennst du Walt Disney? Ja, genau Walt Disney, der Trickfilmzeichner, Filmproduzent und Begründer der Disney Company. Und nein, du brauchst jetzt keine Angst haben, ich werde dich nicht mit seiner Biographie langweilen, wobei seine Biographie alles andere als langweilig ist. Walt Disney und vor allem auch Robert B. Dilts (Trainer, Autor und Berater im Bereich des NLP), haben wir eine wunderbare Kreativitätsstrategie zu verdanken, die uns unterstützen kann, wenn es darum geht, Ziele, Träume und Visionen zu konkretisieren. Um diese Methode soll es hier nun gehen. Walt Disney war ein Visionär, der bekannt für seine kreativen Ideen und deren Umsetzung war. Er erzählte einmal, dass bei nahezu allen seiner Kreativitätsprozesse drei verschieden Walts im Einsatz waren. Da war zum einen der „Träumer-Walt", für den alles möglich war und der mit viel Phantasie Ziele und Visionen fand.

Dann gab es noch den Realisten, oder auch „Planer-Walt", der nach Mitteln und Wege der Umsetzung der Träume und Ideen suchte.

Und zu guter Letzt, war da noch der konstruktive „Kritiker-Walt", der die neuen Ideen und Pläne bewertete und die Vor- und Nachteile abwog.

Warum erzähle ich dir das? Also wieder zum einen, weil ich finde, dass wir uns von Menschen, die erfolgreich sind bzw. waren, inspirieren lassen können und zum anderen, weil man die Walt-Disney-Strategie zum Finden seiner Vision, seines Ponyhofs wunderbar nutzen kann.

Und das kannst du so machen, wir finden im Optimalfall drei verschiedene Zimmer, ein Zimmer für den Träumer, eines für den Planer und eines für den Kritiker, optional könntest du in einem Raum auch einfach drei verschiedene Stellen mit den Titeln „Träumer", „Planer" und „Kritiker" markieren, oder du markierst einfach drei Stühle, damit du dich wirklich voll in die unterschiedlichen Rollen einfühlen kannst.

Die Methode geht dann wie folgt:

1. Position des Träumers: Nimm zunächst die Rolle des Träumers ein, erinnere dich an einen Moment in deinem Leben, an dem du besonders kreativ warst, an dem für dich alles möglich war. Wenn du keinen solchen Moment in deiner Erinnerung findest, tu einfach so, als ob du mal einen erlebt hättest. Schlüpfe komplett in die Rolle des Träumers. Du lebst in einer Welt, in der alles möglich ist, du alle Ressourcen hast, die du benötigst, um das Leben deiner Träume zu erschaffen.

• Was würdest du gerne machen?
• Welches Ziel, welchen Traum, welche Vision hast du?
• Wie sieht dein Ponyhof aus?

Sei gespannt, welche Ideen kommen, male dir deine Vision in den schönsten Farben aus und genieße einfach den Moment. Verlasse im Anschluss diese Position und schüttle dich kurz aus.

2. Position des Planers: Nimm nun die Position des realistischen Planers ein, erinnere dich an einen Moment, in dem es dir besonders leicht fiel zu planen. Auch an dieser Stelle gilt wieder, wenn du keinen Moment in deiner Erinnerung findest, tu einfach so als ob. Schlüpfe komplett in diese Rolle, du weißt, welche Vision der Träumer entwickelt hat, stell dir nun folgende Fragen:

• Wie könntest du die Idee/Ideen des Träumers verwirklichen?
• Welches ist der erste Schritt und welche weiteren Schritt sind notwendig?
• Welche Zwischenziele wären denkbar?
Verlasse im Anschluss auch diese Position und schüttle dich kurz aus.

3. Position des wohlwollenden Kritikers: Nimm nun die Position des Kritikers ein, erinnere dich an einen Moment, in dem es dir leicht fiel, Stärken und Schwächen eines Plans zu entdecken und wohlwollende Verbesserungsvorschläge zu machen, wenn dies nicht der Fall sein sollte, gilt wieder das so-tun-als-ob-Prinzip. Entwickle hier ein Gefühl für den Plan des Träumers und die mögliche Umsetzung des Planers und stelle dir folgende Fragen:

• Gibt es noch Verbesserungsvorschläge?
• Wurde etwas nicht berücksichtigt?
• Fehlt noch etwas?

Verlasse nach Beantwortung der Fragen auch diese Position und schüttle dich kurz aus. Wenn du nach dem Durchlaufen der drei Positionen noch nicht zufrieden sein solltest, wenn du denkst, es fehlt noch etwas, wenn es sich noch nicht ganz anfühlen sollte, kannst du alle Positionen beliebig oft und auch in beliebiger Reihenfolge nochmal durchlaufen.

Für mich ist diese Methode so wunderbar, weil ich dadurch einige Ideen und auch die ersten Schritte der Umsetzung bekommen habe. Aus einem Wunschtraum, der vorher vielleicht noch gar nicht vorhanden war, kann plötzlich ein konkretes Ziel werden, samt Plan der Umsetzung. Und mal ganz unter uns, genauso ist dieses Buch und auch mein Podcast entstanden.

Wenn man sich komplett auf die Übung einlassen kann, können durch die Übernahme der verschiedenen Rollen ganz neue Perspektiven entstehen.

Ich finde mich, seit ich diese Strategie kenne, auch immer wieder im Alltag in der Rolle des Träumers wieder, was mir gut gefällt und mich darin unterstützt, die Welt noch ein wenig bunter zu sehen, wie ein Träumer eben. Wenn wir eines von Walt Disney gelernt haben dann, dass Träume wahr werden können und auch, dass ein Einzelner Traumwelten aus seinen Gedanken entstehen lassen kann. Daher finde ich, dies ist eine schöne letzte Pony-Übung zum Abschluss des Buches.

Die Schritte in Richtung Ponyhof

„Sie können jede Idee in Ihr Unterbewusstsein einpflanzen, indem Sie sie ständig in positiver Erwartung wiederholen und das Gefühl erzeugen, dass sie bereits verwirklicht ist."

Jack Canfield

Kennst du den Film „Inception"?
In diesem Film geht es, vereinfacht gesagt, darum, einer Person einen bestimmten Gedanken ins Unterbewusstsein einzupflanzen, welcher das gesamte weitere Leben daraufhin beeinflusst und genauso funktioniert das auch mit der Idee des Ponyhofs. Sobald du deinen Fokus auf die schönen Dinge richtest, häufig mit freudiger Erwartung an deine Ziele, an dein Traumleben denkst und alles bis ins kleinste Detail visualisierst, wird dies über kurz oder lang der reale Zustand werden. Hier greift wieder die wunderschöne Tatsache, dass unser Unterbewusstsein nicht zwischen Vorgestelltem und tatsächlich Erlebtem unterscheiden kann.

Und hier komme ich wieder auf die wichtigste Entscheidung unseres Lebens zurück, die du vielleicht ganz zu Beginn des Buches getroffen hast. Wenn du für dich aus tiefster Überzeugung entschieden hast, dass du in einem freundlichen Universum lebst, kann sich dein gesamtes Leben verändern, da deine Einstellung gegenüber dem Leben positiver sein wird. Du wirst deinen Blickwinkel auf die Ereignisse verändern und ihnen neue, bessere Bedeutungen geben. Genauso wirst du in jedem Ereignis eine Bestätigung für deine positiven Glaubenssätze finden. Das Wichtigste, was du demnach aus diesem Buch mitnehmen kannst, ist der Wahrnehmungswechsel, die Veränderung der eigenen Einstellung, da sie alles andere bedingt.

Folgend findest du meine „Ponyhofformel" und damit auch eine Art Zusammenfassung des gesamten Buches. Eine Formel für Erfolg und für das Erreichen des Lebens deiner Wünsche.

Die Ponyhofformel - So gelange ich zu meinem Ponyhof in 6 Schritten.

1. Mach dir klar, was du möchtest. Was ist dein Ziel, dein Wunsch, deine Vision, dein Traumleben, dein Ponyhof?

2. Glaube, dass es möglich ist und auch, dass du es verdient hast.

3. Konzentriere dich gedanklich auf dein Ziel. Visualisiere es bis ins kleinste Detail, als wäre es bereits eingetroffen. Fühle dich so, als wäre es bereits Realität.

4. Komme ins Handeln und tue, was nötig ist. Sei bereit, den Preis dafür zu zahlen (Wille, Disziplin, Geduld, Ausdauer). Nutze hierzu Erfolgsgewohnheiten, die nach einiger Zeit ganz automatisch ablaufen.

5. Beobachte, ob deine Handlungen zu den gewünschten Ergebnissen führen. Was funktioniert und was nicht?

6. Sei flexibel bei der Verfolgung deines Traumlebens. Wenn etwas nicht funktioniert, tue etwas Anderes.

Ist das so einfach? Ja, ist es und für manche gleichzeitig so schwer. Auch wenn ich mehr und mehr der Meinung bin, dass Leichtigkeit ein wichtiger Faktor ist, sind Disziplin, Durchhaltevermögen und Regelmäßigkeit für mich die Schlüssel und hieran scheitern bisweilen einige Menschen, da sie schlicht und ergreifend zu früh aufgeben.

Der erste Schritt besteht für mich immer in einer klaren Vorstellung von dem, was man möchte, in unserem Fall vielleicht von dem Idealzustand deines Lebens, um die Antwort auf die Frage „Wie ist dein Leben perfekt?". Erlaube dir bei der Beantwortung dieser Frage zu träumen.

Von entscheidender Bedeutung ist, dass du der Auffassung bist, ein schönes Leben verdient zu haben. Hier wäre es gut, ein wenig Bewusstheit für die hinderlichen Glaubenssätze und Überzeugungen zu haben und diese nach und nach aufzulösen. Es gibt Menschen, die den ersten Schritt für sich klar haben, dann aber daran scheitern, weil sie sich immer wieder selbst sabotieren. Im nächsten Schritt geht es darum, sein Traumleben immer wieder in Gedanken zu durchleben und sich so zu fühlen, als wäre dies bereits Realität. Positive Gefühle sind hier, wie bereits an anderer Stelle erwähnt, der entscheidende Schlüssel zur Verwirklichung.

Im vierten Schritt geht es darum, ins Handeln zu kommen und ein Macher zu sein. Es ist hier nicht wichtig, dass du einen ganz genauen Plan hast und alle Zwischenschritte und Zwischenziele exakt kennst. Es geht einfach darum anzufangen, um dann zu sehen, was gut funktioniert, was sich gut anfühlt und was nicht. Beobachte, was dir weiterhilft, dich weiterbringt und was nicht und wenn etwas nicht funktioniert, oder sich nicht gut anfühlt, dann nutze das Feedback, dass du bekommst und ändere deine Strategie und so einfach funktioniert dann Erfolg bzw. auch Zielerreichung im Allgemeinen.

Im Endeffekt scheitert es bei vielen Menschen schon am ersten Schritt, da sie für sich recht genau wissen, was sie stört und was sie nicht wollen. Sich darüber im Klaren zu sein, was sie stattdessen wollen, gestaltet sich für den ein oder anderen aber schwierig. Dabei ist das so einfach und ganz oft einfach das Gegenteil von dem, was sie nicht wollen. Daher mache für dich klar, was du willst, wie dein Ponyhof aussehen soll und dann lege los.

Eine Aufgabe von jedem Einzelnen besteht darin, für sich herauszufinden, was man möchte und dann so lange darüber nachzudenken, bis es Realität ist und die Handlung kommt dann meistens wie von selbst.

So klappt das mit dem Ponyhof - Tüddels ultimative Ponytipps:

Lieber Leser,

ich möchte Dir zuerst ein wunderschönes Zitat von Erin Hanson schenken, bevor ich Dir meine ultimativen Tipps gebe, die alles von Timo Geschriebene gut zusammenfassen.

> *„Die Freiheit wartet schon am Horizont auf dich, mach dich auf, dass du sie kriegst. Und du fragst: ‚Was, wenn ich falle?‘ Und ich sage: Was, wenn du fliegst?"*
>
> *Erin Hanson*

Meine ultimativen Ponytipps:

Entscheide Dich dafür, dass Du in einem freundlichen Universum lebst.

Nimm eine positive Fokussierung in Deinem Leben vor und sei dankbar für alles, was bereits in Deinem Leben ist.

Denke überwiegend an Dinge, die Du schön und angenehm findest. Verplempere Deine Zeit nicht mit negativen Gedanken.

Erkenne, dass Du der wichtigste Mensch in Deinem Leben bist.

Deine Einstellung in Bezug auf dein Leben bestimmt Deine Realität.

Entscheide selbst, was Du glauben möchtest und sammle Erfahrungen, die Deinen Glauben immer wieder bestätigen.

Nutze Dein Unterbewusstsein und Deine Überzeugungen als Raketenantrieb.

Nimm Dich selbst an und erkenne, dass Du ein Geschenk für die Welt bist und nur das Beste verdient hast und höre auf, Dich mit anderen zu vergleichen.

🐎 *Wisse, dass Glück nur von Innen kommen kann, so wie alle anderen Gefühle auch. Sie alle kommen aus Dir.*

🐎 *Habe eine klare Vision von Deinem Leben, wisse, wie Dein Traumleben, Dein Ponyhof aussieht.*

🐎 *Sei stolz auf Deine Bemühungen und nicht nur auf Deine Leistungen.*

🐎 *Nutze Deine mentale und emotionale Stärke, um mit jeder Herausforderung umzugehen.*

🐎 *Erkenne und nutze die Wachstumsmöglichkeiten, die sich Dir eröffnen werden.*

🐎 *Verlasse Deine Komfortzone bewusst und mache neue Erfahrungen.*

🐎 *Nutze Erfolgsgewohnheiten, die Dich darin unterstützen, mehr Lebensfreude zu empfinden.*

🐎 *Verstehe und akzeptiere, dass Du manchmal Erfolg haben wirst und manchmal nicht.*

🐎 *Erkenne deine Schöpferrolle. Du bist verantwortlich für Dein Leben.*

🐎 *Sehe Dein Leben als Geschenk und lebe es mit Freude und Gelassenheit und sei nicht so streng mit Dir selbst.*

Ich wünsche Dir viel Freude beim Umsetzen der Ponytipps und beim Erschaffen Deines Ponyhofs.

Liebe Grüße
Deine Tüddel

Das ist Tüddel

Tüddel lebt in einem freundlichen Universum. Sie ist dankbar für ihr Leben und freut sich über jeden Tag, den sie auf diesem wunderschönen Planeten verbringen darf. Sie weiß, dass es in ihrem Leben immer mal wieder schwierige Phasen geben wird und dass diese auch vorübergehen. Sie nimmt sich selbst als Schöpferin ihrer Realität wahr und fokussiert sich auf die schönen Dinge in ihrem Leben. Sie stellt sich bewusst Herausforderungen, um ihre Komfortzone zu erweitern und um daran zu wachsen. Sie kennt ihre wahre erste Natur und das ist Liebe und dementsprechend lebt sie auch ihr Leben in Liebe, mit jeder Menge Lebensfreude und in beschwingter Ausgeglichenheit.

Tüddel ist super schlau.

Sei wie Tüddel :-)

11. Schlusswort

„Es gibt zwei Arten, sein Leben zu leben: Entweder so, als wäre nichts ein Wunder, oder so, als wäre alles eines. Ich glaube an Letzteres."

Albert Einstein

Liebe Leserin, lieber Leser, ich hoffe aus tiefstem Herzen, du konntest in mein Modell der Welt eintauchen und meinen Ponyhof ein wenig kennenlernen. Weiter hoffe ich, meine Gedanken und auch die meiner Lebenslehrer waren bereichernd für dich und ich bin dem Untertitel dieses Buches gerecht geworden und konnte dir einen Leitfaden, eine kompakte Anleitung, mit an die Hand geben, wie es funktionieren kann, mehr Freude an deinem Leben zu empfinden. Jeder Mensch hat Lebensfreude verdient und sie ist erlernbar, denn der „Lebensfreudemuskel" ist, wie jeder andere Muskel auch trainierbar. Daher hoffe ich, deine Muskeln sind bereits ein wenig praller, als vor dem Lesen dieses Buches.

Ich weiß nicht, wie dein Leben gerade ist, ob du viele Probleme und Krisen hast, ob du dich immer wieder in Situationen wiederfindest, die du gar nicht erleben möchtest, oder ob alles wunderbar ist. Ich bin nur der Meinung, dass jeder von uns Verantwortung übernehmen und etwas verändern darf, wenn er nicht das Leben seiner Träume lebt. Daher warte nicht darauf, dass sich die Welt verändert, sondern beginne bei dir selbst. Du hast alles in dir, um ein fantastisches Leben zu führen.

Sofern du deinen Fokus weiterhin auf den Mangel und nicht auf die Fülle dieser Welt richten möchtest, ist das deine Entscheidung, welche ich respektiere. Ich bin jedoch der Ansicht, jeder Mensch sehnt sich in seinem tiefsten Inneren nach einem außergewöhnlichen Leben und hat ein solches auch verdient.
Sofern ich dich auf dem Weg zu deinem Traumleben auf irgendeine Art und Weise weiter unterstützen kann, dann lass es mich gerne wissen. Du findest mich auf Instagram, sowie auf Facebook. Hör dir auch gerne meinen Podcast an, der denselben Titel wie dieses Buch hat, vielleicht kann er dich in deiner positiven Veränderung zusätzlich unterstützen.
Wenn es dir gelingt die Ideen dieses Buches in deinen Alltag zu integrieren, garantiere ich,

dass sich dein Leben nach einiger Zeit merklich verbessern wird. Das Lesen und darüber nachdenken alleine wird dich jedoch tendenziell nicht weiterbringen, so sind zumindest meine Erfahrungen. Du darfst schon auch ins Handeln kommen und einige der angesprochenen Ideen zu deinen Routinen werden lassen und ein Macher werden. Entscheide dich jeden Tag aufs Neue dafür, dass du in einem freundlichen Universum lebst und entdecke täglich neue Beweise dafür, dass es jemand besonders gut mit dir meint und du ein Glückskind bist. Wenn Schwierigkeiten kommen sollten, nehme sie an und sei dankbar für die Möglichkeit des Wachstums und die Chancen, die sich dir dadurch eröffnen.

Mein tiefster Wunsch ist, dass du spätestens jetzt große Freude in Bezug auf dein Leben und deine strahlende Zukunft hast. Dein Leben ist voll von Chancen und herausragenden Möglichkeiten, je mehr du dir dieser Tatsache bewusst wirst, desto mehr Freude wirst du an deinem Leben haben.

An dieser Stelle noch ein kleiner Hinweis, behalte bitte auch im Hinterkopf, dass besonders gute Dinge gerne etwas Zeit benötigen dürfen. Gib dir ausreichend Zeit und sei nicht zu streng zu dir selbst. Veränderung kann durchaus sehr schnell geschehen. In einem Bereich herausragende Ergebnisse zu erzielen, kann dennoch eine Weile dauern und so ist es auch im Bereich der absoluten Lebensqualität. Wenn du jedoch den ersten Schritt in die richtige Richtung gehst, werden die anderen Schritte folgen und es werden sich dir immer mehr und mehr Möglichkeiten offenbaren, welche in der Vergangenheit vielleicht undenkbar gewesen wären.

Die Weiterentwicklung der eigenen Persönlichkeit ist ein Weg, der nie zu Ende ist und bei dem jeder Schritt viel Spaß machen darf. Meiner Meinung nach geht jeder Mensch diesen Weg. Es gibt nur diejenigen, die ihn bewusster und gezielter gehen und welche, die dies nicht tun und dadurch ihre Potenziale nicht voll nutzen.

Entscheide dich deshalb bewusst dafür, die ungewollten und ehemals unbewussten Muster und Verhaltensweisen aufzugeben und durch Neue, dich zum Ziel Führende zu ersetzen. Verabschiede dich von alten Denkmustern und Verhaltensweisen, die für dich nicht mehr förderlich sind. Löse dich von allem, was dir nicht mehr guttut und schaffe dadurch Platz für neue Wahlmöglichkeiten und damit verbunden ein völlig neues Verständnis von Freiheit und Lebensqualität.

Deine Einstellung in Bezug auf dein Leben, beeinflusst die Art, wie du die Welt wahrnimmst und dein Leben lebst, und ist daher von zentraler Bedeutung. Sie bedingt, wie du dich verhältst, wie deine Gewohnheiten sind, wie dein Charakter ist, wie du Bewusstheit und Aufmerksamkeit in deinen Alltag integrierst und schlussendlich deine Identität. Daher ist deine Einstellung so entscheidend dafür, dass du dein Leben als Ponyhof wahrnehmen kannst.

Nimm das Steuer daher selbst in die Hand. Entscheide dich dafür, dich gut zu fühlen, dein volles Potenzial auszuschöpfen und deine Träume zu verwirklichen und dann geh hinaus und verändere dich selbst zum Guten und die Welt wird dir folgen und vergiss nicht Spaß zu haben.

Ich wünsche dir ein außergewöhnliches Leben auf deinem ganz eigenen Ponyhof und denk bitte immer daran, du bist ein Geschenk für die Welt.

Dein Timo

Danke!

Mein erster Dank geht an Ismail, einen ehemaligen Schüler, ohne den der Titel dieses Buches so vielleicht niemals entstanden wäre. Hier die kleine Geschichte dazu: Es ist das Jahr 2017 und Ismail, tut sich mal wieder schwer mit den zugegebenermaßen etwas einschränkenden Regeln des Unterrichtsalltags. Das Stillsitzen und Zuhören will ihm an diesem Tag so gar nicht gelingen. Ich bitte ihn höflich mir und seinen Mitschülern gut zuzuhören, aber irgendwie soll das an diesem Tag nicht sein. So sehe ich mich gezwungen, ihm eine kleine „Gedankenarbeit" zu geben. Ich bitte ihn, dass er sich die nächsten 30 Minuten darüber Gedanken machen soll, was er denn alles von seinen Mitmenschen lernen könnte, wenn er ihnen etwas mehr zuhören würde und inwiefern dies wichtig für sein weiteres Leben sein könnte. In diesen 30 Minten bringt er drei Dinge aufs Papier. Die Zeichnung eines Ponys, die eines Regenbogens und den Satz „Das Leben ist kein Ponyhof". Diese Zeichnung und der entsprechende Untertitel haben an diesem Tag etwas in mir ausgelöst. Von da an wollte ich meinen Schülern und auch den Menschen in meinem Umfeld zeigen, dass das Leben vielleicht doch ein Ponyhof sein kann. Daher danke ich dir lieber Ismail für deine so herzliche und manchmal auch herausfordernde Art.

Ein großer Dank gebührt meiner Familie und hier vor allem meiner Mutter und meinem Bruder. Ich danke euch von Herzen, denn ohne euch wäre ich nicht der Mensch, der ich heute bin. Danke dafür, dass ihr immer da gewesen seid und auch für jede familiäre Herausforderung, an der ich wachsen durfte und immer noch darf.

Ein herzliches Dankeschön gilt all den Menschen, die mir gezeigt haben, wie es geht groß zu denken und zu träumen. Hier möchte ich vor allem meinen Mentoren Marc A. Pletzer und Tony Robbins danken, sowie allen anderen Lebenslehrern, die ich kennenlernen durfte und die mir gezeigt haben, was in dieser Welt alles möglich ist.

Zudem danke ich meinen NLP-Ausbildungsgruppen und hier vor allem der wunderbaren Trainerin Stefie Rapp, die mich immer darin unterstützt hat, an mich zu glauben und von der ich so viel lernen durfte, tausend Dank dafür.

Weiter danke ich den wunderbaren Menschen, die mich jeden Tag begleiten und mir helfen ein besserer Mensch zu werden. Danke an euch, die ich meine Herzensmenschen und Freunden nennen darf. Danke für euren Input, euren Glauben und für die Unterstützung in allen Lebenslagen.

Auch danke ich all den Menschen, die mir das Leben nicht gerade erleichtert haben und auf meinem Ponyhof den ein oder anderen Pferdeapfel hinterlassen haben. Ihr habt mich am meisten gefordert, mich wachsen lassen und mich stärker gemacht, als ich es mir je vorstellen konnte und dafür ist nichts anderes als Dank angebracht.

Ein riesen Dank aus tiefstem Herzen geht an all die Menschen, die bei der Entstehung dieses Buches beteiligt waren. An die Menschen, mit denen ich mich austauschen durfte und, die mir mit ihren einzigartigen Perspektiven einen neuen Blick auf dieses Projekt und auch auf die Welt ermöglich haben.

Zu guter Letzt bedanke ich mich bei dir am meisten, ja, ganz genau bei Dir! Du wunderbarer Mensch, der dieses Buch gerade in den Händen hält. Du bist der Grund, warum es dieses Buch gibt und ich wünsche dir ein wunderbares Leben mit jeder Menge Glück und Lebensfreude.

Literatur

Anthony Robbins: Das Robbins Power Prinzip. Befreie die innere Kraft, Ullstein 2004

Dieter Lange: Sieger erkennt man am Start Verlierer auch, Econ 2019

Esther Hicks, Jerry Hicks: Ein neuer Anfang: Das Handbuch zum Erschaffen deiner Wirklichkeit, Hayne 2004

Jack Canfield, Janine Switzer: Kompass für die Seele. So bringen Sie Erfolg in Ihr Leben, Goldmann 2005

Joseph O'Connor, John Seymour: Neurolinguistisches Programmieren: Gelungene Kommunikation und persönliche Entfaltung, VAK 1992

Marc A. Pletzer: Die Cappuccino–Strategie. Besser Ziele erreichen!, Blue Planet AG 2017

Napoleon Hill: Denke nach und werde reich, Ariston 2005

Richard Bandler: Leitfaden zu persönlicher Veränderung. Die Geheimnisse schneller und bleibender Lebensveränderung mit Neurolinguistischem Programmieren, Bookmark NLP 2009

Romilla Ready, Kate Burton: Neuro-Linguistisches Programmieren für dummies, WILEY-VCH 2017

Stefanie Stahl: Das Kind in dir muss Heimat finden. Der Schlüssel zur Lösung (fast) aller Probleme, Kailash Verlag 2015